# Hechizos de protección

*Cómo defenderse contra las maldiciones, los ataques psíquicos y las fuerzas demoníacas, y cómo utilizar la magia wiccana para protegerse a sí mismo y a sus seres queridos*

# Tabla de Contenidos

# Introducción

El mundo puede ser un lugar traicionero. Si no son las plagas, los desastres naturales y las guerras los que intentan acabar con nosotros, es alguien de nuestro círculo más cercano.

Este fenómeno ocurre más a menudo de lo que nos gustaría creer, pero todos sabemos la verdad: toda cara sonriente no siempre es amistosa. A veces, una sonrisa esconde un vacío insondable de malevolencia, envidia patológica y mala voluntad.

Es entonces cuando necesita defenderse.

Este libro, *Hechizos de protección,* es precisamente para esos momentos desafortunados de la vida. Muchos libros que leerá sobre magia presuponen que el lector es practicante, este no lo hará. Este libro es para todos los que necesitan el apoyo de una guía, con instrucciones en el arte de la autodefensa de maldiciones, ataques psíquicos, fuerzas demoníacas y más.

Aquí aprenderá a interponerse en el camino del daño y el caos inmerecidos para protegerse a usted mismo, a sus amigos y a sus seres queridos.

Cuando menos lo espere, el mal puede llamar a su puerta. Los chismes podrían minar su reputación profesional o personal. Puede que, sin saberlo, le hayan lanzado una maldición y que su bienestar se vea perturbado por la inquietud, o que alguien quiera lo que usted tiene y haga cualquier cosa para conseguirlo.

Con este libro, estará preparado, armado con los poderosos hechizos de la magia protectora. Aprenderá a aprovechar el potencial de la magia wicca para erigir una frontera inviolable de protección alrededor de usted y de los que le importan.

Hay más cosas en el cielo y en la tierra de las que se sueñan en todas nuestras filosofías (*Hamlet* de Shakespeare), cuanto más sepa, más cómodo y en paz se sentirá en este mundo. Los hechizos de protección añaden una nueva categoría de herramientas a su arsenal, esto hace que su visita a este desafiante plano sea un viaje mucho menos aterrador.

¿No preferiría estar en un parque de atracciones en vez de en el borde de un volcán en ebullición? Comprender el poder de la magia wiccana y su matriz de prácticas protectoras hace que el mundo sea un parque de atracciones, y lo liberará del peligro de influencias negativas.

Compartiré algunas prácticas de protección que le aportarán una sensación de poder y paz cuando las añada a su vida.

# Capítulo 1: Introducción a la magia protectora

Lo primero que hay que entender sobre la magia (aunque esta palabra puede ser engañosa) es que está en todas partes.

Lo segundo es que es accesible para todos.

No necesita vestirse como Stevie Nicks del grupo de los 70 Fleetwood Mac para trabajar con la magia que le rodea; no necesita un gato negro, una bola de cristal ni tampoco un sombrero negro y puntiagudo.

Todo lo que necesita es ser humano, buscar y creer que usted es la conexión entre los elementos y lo divino. Este papel privilegiado de la humanidad es común a todas las creencias religiosas de la Tierra.

Por la razón que sea, hemos sido seleccionados para este papel como mediadores del plano terrenal y el invisible. Podemos aprovechar el poder de esa conexión, o podemos permanecer en el mismo estado que siempre.

Pero usted está aquí, así que ha hecho su elección. Tanto si es un aspirante a brujo como si es una persona sin compromiso, la magia protectora es una habilidad vital y una nueva forma de ver el mundo, que le conecta con las tradiciones humanas. Así pues, empecemos nuestra exploración con una mirada a la magia protectora popular y mundial.

## En todas partes y para todos

Desde los primeros días de la humanidad, cuando los seres humanos se levantaron y empezaron a caminar con dos piernas, la magia formó parte de su historia. Es una forma de arte realmente antigua.

Los antiguos griegos practicaban la apotropaica, un tipo de magia protectora. Aunque ahora la palabra se entiende como cualquier cosa que se hace, se lleva o se emplea para repeler el mal, los antiguos practicantes definían la apotropaica como el uso de un objeto dedicado a ese fin.

Los antiguos griegos hacían ofrendas a los dioses ctónicos (del inframundo) del panteón para que sirvieran a este propósito, pero la práctica de asignar un papel protector a un objeto o deidad continúa a nivel global y popular.

El «ojo azul», típicamente denominado «ojo turco», es un ejemplo de apotropaica. Se utiliza en todo el mundo, no solo en Turquía, se han encontrado ejemplos de este amuleto (a veces llamado «el nazar») en yacimientos arqueológicos que se remontan a 3500 años antes de Cristo.

El ojo azul del mundo antiguo fue utilizado por fenicios, egipcios, griegos y la mayoría de las demás culturas de la cuenca mediterránea. Su uso continúa en las comunidades árabes, latinoamericanas, romaníes, griegas y turcas del mundo moderno. El nazar ha encontrado un hogar permanente en la cultura popular. Todo el mundo lo conoce y entiende lo que simboliza: la desviación del mal.

Del mismo modo, en Italia se utiliza la «mano cornuta». Normalmente de color rojo, el corno representa una mano humana, con los dedos meñique e índice extendidos en forma de cuernos o corne. Aunque representa un gesto muy grosero (cuando se le hace a un hombre, significa que este es poco viril y un pelele, y que su mujer le engaña), su uso como talismán es para «dar los cuernos» a las influencias demoníacas. La mano cornuta también se considera eficaz contra el mal de ojo, el ojo maligno o envidioso.

Este talismán se ve en toda Italia, donde tal símbolo de protección popular cuelga del espejo retrovisor de los taxis, se fija en la pared de los cafés locales, de las tiendas de la esquina, o se coloca detrás de las cajas registradoras. Nápoles tiene su propia versión del «cornicello», un cuerno único y retorcido hecho de coral, metal precioso u otros materiales.

La «mano fico» es otro tipo de amuleto de cuerno, que representa un gesto medieval de la mano que hace referencia a los genitales femeninos. Este estilo de cuerno o cuernos, considerado hoy en día como extravagante y grosero, apenas se ve.

Solo estos dos ejemplos nos indican que la idea de protegernos con talismanes y amuletos es una práctica popular. En todo el mundo y en todos los rincones posibles, la magia está viva y forma parte de la cultura popular.

La apotropaica es una de las expresiones más populares de la magia protectora. No se considera realmente magia, los amuletos y talismanes descritos son expresiones de cultura y pertenencia, de tradición y de las antiguas sociedades de las que surgieron. Son conexiones con el pasado y todavía tienen significado para millones de personas.

Independientemente de que todas estas personas, o incluso la mayoría, crean que su amuleto elegido funciona, la supervivencia de estos símbolos en una posición cultural tan destacada es un testimonio de su poder en la conciencia de las culturas vivas. Tan poderoso es el folclore asociado a estos símbolos que la gente todavía los exhibe. Tal vez solo intentan cubrirse las espaldas.

Pero quizá sepan lo mismo que nosotros: que la magia está en todas partes y es para todos.

# Un mundo completamente nuevo - Cosas a tener en cuenta

Cuando uno entra en un nuevo mundo, no puede fingir que está en casa. Los turistas deben tener esto en cuenta. También usted, si es nuevo en el mundo de los espíritus y las energías espirituales que nos rodean en cada momento de nuestras vidas.

Aunque ese mundo siempre ha estado ahí, ahora le pedirá que abra su puerta principal para poder entrar. Eso significa que es vulnerable. Cuando se abre a este mundo, atrae el interés de entidades espirituales que pueden ser amistosas o no, así que debe tener cuidado. Por supuesto, lo discutiremos a medida que avancemos en este libro, pero quien está prevenido, está armado.

Lo siguiente que vamos a discutir es la Rede Wicca. Este documento sirve como guía de acción moral para los practicantes de la wicca. Le ayudará a entender hacia dónde va y qué hacer cuando llegue allí.

## La Rede Wicca

La afirmación «An do ye no harm» (No haga daño a nadie) es el núcleo de un poema. («An ye harm none, do what ye will...»). Estas palabras intemporales encapsulan la filosofía de la wicca.

Pero lo que constituye un daño, a diferencia de los credos de los sistemas de fe monoteístas, no se declara expresamente. Más bien se deja a la discreción e interpretación del practicante.

La wicca se rige por un marco moral que concede al practicante una libertad considerable, se basa en el conocimiento y en una ortodoxia poco estricta sobre el uso de la magia dentro de esta religión neopagana, basada en no hacer daño.

Aunque se dice que es antigua y se practica con bases de tradiciones más antiguas, es una novedad desarrollada en el siglo XX. Lo mismo ocurre con la Rede y el Credo wiccanos, que forman parte de la ley wiccana, junto con la Ley Triple (también conocida como la Regla de los Tres o la Regla del Retorno). Esta ley dice que lo que va, vuelve. Cuando el daño o el bien hecho regresa, se multiplica por tres.

Así, la idea de que la conciencia guía a los individuos tiene mucho más sentido cuando se vincula con este principio central. La Ley Triple guía toda la práctica wiccana, junto con la Rede. Ambas están incluidas en lo que se conoce como el Credo wicca.

Hay cierta controversia sobre los orígenes sobre el poema, pero data del siglo XX, no antes de 1910 ni después de la década de 1950. Hay muchas versiones de este poema y muchas interpretaciones sobre su origen.

El llamamiento del Credo a la acción moral y amorosa es claro e inequívoco, y se sostiene con razón como testimonio del carácter de la práctica wiccana, que es «no hacer daño». Así, la independencia del practicante, aunque asegurada en la creencia wiccana, está circunscrita por una fuerte orientación ética. Aquí es donde debe tomar nota. Las directrices de la wicca están ahí para protegerle a usted y a los que le rodean.

Este libro, está destinado a ser utilizado por personas de buena voluntad y conciencia. El propósito de la protección es evitar que el trabajo del mal se salga con la suya.

Tenga en cuenta que gran parte de lo que leerá proviene de la religión wiccana, pero los criterios religiosos estrictos no rigen las aplicaciones de lo que aprenderá en este libro. Más bien, se rige por su propio marco ético.

### La intención lo es todo

Su intención y enfoque son cruciales para el éxito de los hechizos de protección. Estar en el momento y estar presente con su poder determina la fuerza de cualquier hechizo dado.

La protección de los espíritus traviesos y malévolos o la negatividad que emana de una fuente conocida (o una fuente desconocida) es clave para la práctica de la wicca, pero la auto-protección y la protección de los seres queridos y la propiedad es algo que cualquiera puede hacer con el enfoque y la actitud correcta.

Los hechizos de protección también se conocen como «creación de círculos». Solo se lanzan con el fin de proteger sus emociones y persona física.

Como esta sección se titula: la intención lo es todo, mientras trabaja en el círculo sus intenciones deben ser parte de lo que hace y dice.

Así que, vamos a empezar con la creación de un amuleto de protección física.

### Trenza de cebollas

Este sencillo amuleto protege a todos los que viven en su casa, ¿y qué es mejor que proteger su casa y a las personas que viven en ella? La preparación de alimentos para el almacenamiento de invierno, es parte de lo que hace la trenza de cebollas.

Necesitará cebollas que aún tengan las hojas unidas a ellas y un metro de cuerda (cuanto más fuerte, mejor).

- Doblar la cuerda por la mitad
- Colocar la cuerda sobre una mesa u otra superficie plana
- Colocar la primera cebolla con la parte superior arriba y las verduras hacia abajo
- Formar una trenza con los dos tramos de hilo (el hilo está doblado por la mitad)
- Hacer lo mismo con el resto de las cebollas
- La trenza debe estar apretada para mantener las cebollas en su sitio
- Mientras trenza, concéntrese en su intención
- Repetir un conjuro, según lo que vaya a proteger (ver más abajo). Tenga en cuenta que los conjuros no necesitan rimar.

La intención que guía es más importante.

*Para proteger su hogar:*
*Cebollas trenzadas he hecho,*
*Este amuleto para mantener mi querido hogar a salvo.*
*Repele todo el mal de nuestro camino.*
*Como yo lo quiero, así debe ser.*

*Para proteger a una persona específica:*
*Las cebollas tienen capas*
*Como las capas de protección para aquellos en este hogar*
*Que yo creo para salvarlos del mal.*
*Protege y defiende a (inserta el nombre) del mal.*

La conciencia es el lugar de nacimiento de la intención, así que manténgase consciente de lo que hace y por qué lo hace mientras dice el conjuro y trenza las cebollas, céntrese en la acción protectora. Mientras dirige su intención protectora a la acción y a la creación del conjuro, infunda la acción y los materiales que se utilizan con esa intención, este es el verdadero poder de los hechizos de protección.

Lo que quiere es lo que será.

En nuestro próximo capítulo, hablaremos de discernir cuándo es el objetivo de ataques espirituales. Hay señales específicas de que está bajo ataque, y las discutiremos en detalle.

# Capítulo 2: Comprobar las señales

¿Alguna vez ha tenido la sensación de que alguien quiere atacarle? Y sí, sucede, especialmente a los que han elegido un camino esotérico. Ese camino está lleno de lo desconocido, lo cual encontrará a medida que explore los hechizos de protección y la magia que consiste en entidades y energías espirituales.

Aunque sus instintos estén muy desarrollados, conocer las señales que acompañan al hechizo/maldición, la mala intención, la envidia, los espíritus malévolos y los ataques psíquicos es un sistema de alerta temprana que le protegerá. Los ataques psíquicos pueden venir de cualquier parte, incluso de aquellos que practican la wicca.

Vamos a hablar de algunas de las señales que pueden aparecer y le indican que tiene que protegerse de algo no deseado.

Recuerde siempre ser realista: a veces la vida es solo un extraño paseo por el parque de atracciones durante el cual le ocurren cosas malas a gente inocente. No lo dude. Cuando buscamos razones para explicar por qué le ocurren cosas malas a personas buenas, rara vez recibimos una respuesta satisfactoria a la pregunta. Simplemente es así. A veces, las cosas malas le ocurren a gente que no se las merece. Así es la vida.

El libro de Job, en las escrituras hebreas, es el origen clásico occidental de la teodicea (una explicación de por qué les ocurren cosas malas a quienes no han hecho nada para merecerlas). Si lo ha leído, entenderá lo que quiero decir sobre las respuestas satisfactorias. Realmente no las hay, por mucho que el autor intente culpar a una apuesta celestial entre Dios y el diablo de los interminables males de Job.

Los más propensos a ser hechizados o maldecidos suelen ocupar puestos públicos destacados, como políticos o artistas. Las personas con importantes recursos financieros están igualmente en peligro de que las energías negativas apunten deliberadamente hacia ellas. También están en riesgo las personas conectadas a comunidades wiccanas que tienen contacto con muchas otras (incluso en línea). Las personas con una apariencia excepcional, un talento excepcional, una alta posición en sus comunidades, y aquellos que son muy queridos son objetivos potenciales para aquellos con malas intenciones.

Veamos algunas de las señales de que ha sido embrujado o es víctima de un ataque espiritual. Tenga en cuenta que una sola señal no es suficiente para indicar que tiene un enemigo experto en hechizos o un espíritu ofendido en la vecindad que busca venganza. Preste especial atención a la calidad de la señal. Además, tenga en cuenta cualquier circunstancia que pueda haber provocado la aparición de estos signos atribuibles a sus propias acciones. Sea honesto consigo mismo y reconozca cuándo crea una montaña de un grano de arena. En el capítulo siete, hablaremos de qué hacer si cree que ha sido hechizado o maldecido.

## Lesión o enfermedad sin causa aparente

La gente se lastima todo el tiempo. La gente se enferma todo el tiempo. Pero a veces, una enfermedad o lesión que parece no tener causa puede significar un hechizo o una maldición.

Recuerde que las enfermedades y las lesiones pueden ser advertencias sobre un problema de salud subyacente. Su trabajo es visitar al médico para determinar la causa de lo que pasa. Si el médico (y un segundo médico) no puede averiguar el origen del problema, entonces puede estar bajo un hechizo o maldición. Pero como he dicho antes, este único signo no es suficiente para atribuir el problema a las acciones malintencionadas de otra persona.

## Una serie de eventos desafortunados

Puede parecer que alguien hechizó su vida tras una racha de mala suerte. Todos hemos pasado por eso. Una cosa tras otra va mal en una cadena de mala suerte ridícula. Levantamos las manos y gritamos: «¿Por qué a mí?».

Puede que haya notado que algunas cosas de su vida parecen ir mal. El coche no arrancó el otro día, y esta mañana, el agua estaba cortada. Además, perdió el autobús (que tuvo que coger porque el coche estaba en el taller). Cuando por fin llegó al trabajo, su jefe se enfadó con usted por llegar tarde, y el proyecto en el que trabajaba se paralizó porque la fotocopiadora estaba en reparación.

Antes de atribuir su cadena de mala suerte a un maleficio, considere su parte en cualquiera de estos sucesos desafortunados. ¿Debería haber llevado el coche al taller antes para evitar que se estropeara? ¿Debería haber pagado la factura del agua (por eso no hay agua)? ¿Debería haberse levantado antes, ya que sabía que iba a coger el autobús a una hora determinada para llegar al trabajo sin llegar tarde? ¿Debería haber terminado ya ese proyecto?

Descarte que su propio comportamiento sea el origen de sus males antes de sacar conclusiones precipitadas. Pero si después de un examen honesto de los hechos parece no tener culpa, entonces es muy posible que le hayan lanzado un hechizo o una maldición.

## Tiene un problema con un wiccano o hechicero

Los humanos no somos tan inteligentes como nos gusta pensar que somos. Nos metemos en todo tipo de problemas basados en nuestra suposición casi global de que la gente es tan bien intencionada como nosotros. Esto es especialmente cierto en las comunidades espirituales. No sospechamos que otros estén en el mismo viaje espiritual que nosotros.

La wicca es como cualquier otra comunidad de fe: está plagada de personas que buscan algo que la comunidad no defiende. Estas personas buscan algo para sanar una parte rota de ellos mismos. A menudo, están resentidos y enfadados, y buscan un chivo expiatorio para sus heridas.

Si está en compañía de wiccanos, de otras personas inclinadas hacia la wicca o de una mezcla de ambos, entonces sus posibilidades de encontrarse con una de estas personas rotas son considerablemente mayores. No todos los buscadores buscan lo mismo, y si está en su camino, puede salir herido.

Sea consciente. Escuche sus instintos e intuición. Preste atención a las personas que se hacen amigas demasiado rápido o que hacen cumplidos extravagantes. No todos los wiccanos están bien mental o espiritualmente.

Tanto los wiccanos como otras personas que estén en esa sintonía pueden lanzar un hechizo. Permanezca siempre neutral en cuanto a la energía, pero atento a las señales que la gente le proporciona de forma natural. Tome esas señales al pie de la letra. No mienten.

### Problemas con los animales

Hay que ser especialmente desagradable para meterse con los animales de alguien que no le gusta o para hacer daño a animales al azar como parte de un rencor contra otra persona.

Pero en el mundo hay todo tipo de gente sin remordimientos ni empatía, y algunos de ellos lanzan hechizos sobre los animales de aquellos a los que apuntan. Estas son algunas de las formas en que los animales pueden ser utilizados o maltratados por practicantes insanos:

- Animales que no ha visto antes de repente están muy presentes. Animales que ve todo el tiempo que de repente están ausentes. Enfermedades misteriosas entre estos animales.

- La presencia continua de un animal desconocido en su área inmediata. Puede creer que el animal es un vagabundo o un nuevo miembro del vecindario, pero se queda en su puerta. Intenta alimentarlo, pero no come. Simplemente se queda. Puede tratarse de un animal, que le espía bajo la dirección de un practicante malicioso. También puede ser enviado para ponerle nervioso o para maldecirle.

- Que sus animales enfermen o mueran.
- Encontrar un animal muerto o moribundo en su puerta o cerca de ella.

Los animales pueden ser maldecidos para traer miseria a su vida. No olvide incluir a sus mascotas y a los animales del vecindario en sus intenciones a la hora de lanzar el hechizo de protección (cuando lleguemos). Ellos también necesitan protección.

### Cristales rotos

Preste especial atención a los vidrios rotos que se encuentren en los escalones de su casa, edificio de apartamentos o en el terreno donde vive.

Los vidrios rotos son un signo visible de un hechizo o maldición y uno muy antiguo que se remonta a cientos de años. La wicca tiene muchos lanzadores de hechizos, y en algunos de ellos, las pociones formuladas para maldecir se rompen en estos lugares deliberadamente para liberar el hechizo o maldición sobre el objetivo.

### Presagios

Hay un sinfín de presagios propios de cada cultura en todo el mundo.

Algunos de los más comunes incluyen:

- Murmullos de estorninos que surgen de la nada
- Pájaros que se estrellan contra las ventanas y mueren antes de llegar al suelo
- Media docena de cuervos alineados en un alero o en un cable de teléfono
- Un lamento agudo sin origen aparente
- Romper accidentalmente un espejo
- Alguien que señala un arco iris

Estos y otros muchos sucesos indican la muerte en culturas de todo el mundo. Si encuentra algún presagio extraño e inexplicable que acompañe a uno de los otros signos de este capítulo, es muy posible que esté hechizado o maldecido o que sufra un ataque psíquico.

Debido a la naturaleza comunitaria de los presagios, todos tenemos nuestras propias interpretaciones, transmitidas por la cultura, la tradición, los medios de comunicación, el arte y el mundo natural. Todos somos diferentes, y todas nuestras historias son diferentes por esa misma razón.

Por eso, los hechizos de protección wiccanos son un punto de entrada apropiado para un novato o para la persona que busca una práctica que no forme parte necesariamente de ninguna comunidad de creyentes. La wicca está arraigada en el concepto de no hacer daño, pero al mismo tiempo hacer lo que se quiera. Reconoce la interconexión del universo y de todo lo que hay en él (que es la proposición fundamental detrás de «no haga daño»), la wicca honra el valor de cada intelecto y espíritu humano. No hay muros en esta casa de culto, que es co-creativa y co-acogedora. La jerarquía no existe aquí, como ocurre con otras creencias donde las personas usualmente son forzadas por los practicantes de la fe a ser creyentes o no creyentes. Esta división no es lo que los wiccanos quieren crear; no están interesados en crear conflictos con el resto del mundo.

Quieren estar abiertos a una relación con los demás como están abiertos a una relación con el mundo espiritual y los elementos del mundo natural. Este enfoque deja la puerta de la wicca abierta para las personas que se interesan por el empoderamiento que ofrece, pero que no están necesariamente comprometidas con la fe en sí.

### El todo

Es justo decir que una gran parte de la wicca se refiere no solo a la inteligencia, sino a la conciencia general del practicante. Lo que es un culto pasivo en algunos credos es activo en la wicca y se democratiza con una estructura horizontal. Lo más importante es su similitud con otros sistemas de fe alternativos de origen aborigen. Esa similitud es especialmente evidente en la afirmación de que todo es uno en términos de humanidad y su entorno. La humanidad se potencia a través de los elementos. Pero lo notable es la libertad del practicante individual, enraizado en la individualidad y siendo uno con el todo.

Un seguidor es la unidad del todo y su propio servidor. Al mismo tiempo, todos buscamos crear conexiones con los demás. Esa conexión no tiene nombre ni título. Es el centro de la tierra del que nos alimentamos de tierra, aire, agua y fuego. En su énfasis en la conexión entre los seres humanos y su entorno natural (una conexión, que es holística e interdependiente en formas, que no entendemos completamente) la wicca es un lugar para las personas que buscan el centro de la tierra. Conectados de nuevo, anhelan ser alimentados por los elementos de los que surgieron, en los que viven y a los que volverán de nuevo.

Recuerde que, cuando busque los signos de los que hablamos en este capítulo, encontrará en todos ellos una voz que habla a su corazón todo el tiempo. Encontrará en ellos otra vía para su intelecto, su espíritu y su instinto. La wicca se aferra a los elementos de una manera demasiado extraña para aceptarla, pero demasiado honesta para ignorarla. En esa extrañeza y honestidad hay un misterio que debe saborear el buscador respetuosamente.

# Capítulo 3: La formación de un círculo: cómo y por qué

El círculo es un símbolo universal que significa unidad, totalidad, familia, comunidad y armonía.

Es uno de los símbolos primarios de la wicca, su práctica y sus formas. Es fundamental para la práctica en el sentido de que no se puede realizar ningún hechizo antes de que el círculo sea creado.

En el caso de la wicca, el círculo es la protección. Es solo en la creación y el trabajo en ese círculo que usted puede lanzar con seguridad los hechizos de protección o cualquier otro hechizo. Por lo tanto, vamos a discutir la creación del círculo, lo que significa, y cómo lograrlo.

## Por qué se hacen los círculos

Encontrará círculos utilizados en los rituales neopaganos y en religiones como el vudú, la santería y el candomblé (religiones afrolatinoamericanas), que incorporan algunas imágenes católicas y objetos de veneración.

El centro del círculo es el lugar de protección para el practicante. Crea una barrera que repele el mal y contiene el poder espiritual, y su preparación es crucial para esta protección.

Al crear el círculo, su energía queda contenida, y aumenta el poder de sus hechizos. En otras palabras, su poder está muy concentrado dentro del círculo. El aire que le rodea se impregna de poder a medida que el círculo se eleva a su alrededor.

Este círculo crea un cono energético. A medida que opera dentro de ese cono, su energía aumenta cuando habla y se mueve. Por eso el círculo es una parte tan importante en la forma wiccana de crear magia protectora. No solo mantiene las cosas malas fuera, sino que mantiene las cosas buenas dentro.

## La intención lo es todo

La intención es vital, es la columna vertebral de todos los acercamientos que no vemos, como las partes móviles del universo que son invisibles a nuestros ojos desnudos y no entrenados. Estas energías y entidades son a las que se refería Shakespeare en la frase de *Hamlet* «más cosas en el cielo y en la tierra»: lo que no podemos ver.

El círculo es importante tanto si es practicante y utiliza los sistemas de creencias como si no. Su energía es energía humana y puede dirigirse a los mismos fines que la de cualquier otra persona. Lo que más importa son sus intenciones. Concéntrese en ellas antes de levantar un dedo para crear el círculo. Purifique y ponga a prueba sus intenciones para asegurarse de que sus motivaciones y mentalidad son correctas. Límpiese de cualquier amargura. Apague sus rencores. Su corazón abierto y purificado es el manantial del poder del círculo. En el círculo, es un co-creador, que concentra su poder en el marco de los elementos. Es un lugar privilegiado para estar. La asociación con los elementos debe ser reverenciada, mantenida con ligereza y con asombro. Es un regalo que honra al enfocar el círculo como un acto profundamente sagrado en el que no está solo.

Prepárese. Recuerde el credo central de la wicca, «no haga daño». Ábrase con humildad y purifique sus energías antes de desplegarlas en la creación del círculo para garantizar su éxito y seguridad.

El círculo es parte de un acercamiento al reino de los que no vemos, y puede imaginar este reino de cualquier manera que se sienta cómodo. Sus antepasados pueden sustituir a las deidades, si eso es lo que necesita para intelectualizar el círculo. Lo que es supremamente importante es la calidad del enfoque, independientemente de su disposición a lo sobrenatural.

Un círculo es una herramienta desde el punto de vista psicológico. Hacerlo es una experiencia de sí mismo desde una perspectiva que tal vez no haya explorado. El autoexamen como preparación para la creación del círculo es el portal hacia la humildad.

Por lo tanto, tendrá que dejar el ego atrás. Aunque ciertamente se trata de usted, no se trata solo de usted. Sino de aquellos que no se ven, de los elementos y, lo que es más importante, de aquellos a los que intentará proteger además de a sí mismo. Usted no es poderoso sin la plenitud de todo.

Contemplar todas estas partes de nosotros mismos, raramente consideradas, no nos reduce. Más bien, barre el suelo de lo que no necesitamos, desnudándonos de la auto-obsesión y la arrogancia. Nuestra voluntad es central, pero también es parte de un todo interconectado. En la creación del círculo, grite; el poder del círculo, le responde.

Así pues, vamos a descubrir cómo formar un círculo.

## Cómo formar un círculo

Voy a desglosarlo para usted, empezaré por la parte del «dónde».

### Ubicación

Su círculo puede estar en cualquier lugar, tanto si prefiere estar en la naturaleza como en el salón del apartamento. Dondequiera que se sienta libre y seguro es el lugar adecuado. Nadie puede decirle dónde es, excepto usted.

Necesita sentirse libre para llamar y descansar con los que ha llamado. Necesita sentirse desinhibido por cualquier posible interferencia, interrupción o distracción.

Las interrupciones pueden ser desalentadoras, pero también pueden liberar energías de forma inadecuada, lo que puede ser peligroso. Hay una especie de disciplina espiritual inherente al círculo, que verá cuando aprenda a crear uno. Esa disciplina tiene que ver con la energía y con cómo reunirla y liberarla. Ser interrumpido crea una ruptura espiritual en medio del ritual o cuando las energías del círculo no han sido liberadas con cuidado. Asegúrese de que no le molesten, no es negociable, es obligatorio.

### Purificación

Una vez que haya elegido la ubicación, el siguiente paso es purificarlo. No importa si está en el bosque o en el sótano; un lugar ordenado, limpio y purificado es necesario para honrar a los que no ve. Así pues, coja la escoba o mueva esas ramas y otros desechos para honrar el lugar.

Una vez que se han solucionado los detalles físicos, siguen los espirituales. La eliminación de la energía negativa o dañina es una actividad que exige esa fuente secreta tan conocida, la intención. Utilice sus manos (la varita o la escoba para los profesionales), empuje toda la negatividad del lugar y concéntrese activamente en eliminar estas energías para purificar la zona espiritualmente.

No está de más aplicar un poco de pachuli, hamamelis o salvia para la purificación. Dos gotas de cualquiera de estos aceites (herramientas espirituales sobre las que leerá en breve) en cada punto de la zona, imagine la forma de un cuadrado, ayuda al proceso. Es dentro de este cuadrado donde se dibujará el círculo.

## Cómo trazar el círculo

Hay muchas formas de trazar un círculo. En la wicca, no hay reglas estrictas en cuanto a cómo hacerlo, ya sea física o imaginariamente. Es su elección, generalmente será guiado de la manera que se adapte a su intención.

Antes de empezar, lleve todos los objetos rituales al centro del círculo. Una vez que haya comenzado, no debe abandonar el círculo hasta que los hechizos de protección hayan concluido. Si planea hacer una ofrenda a los invisibles como parte de su ritual en el círculo, no olvide ningún objeto relacionado con esa ofrenda.

Necesitará una superficie que sirva de altar. Como su finalidad es sagrada, debe estar orientada al norte. Recuerde: el círculo le protege a usted y a su espiritualidad porque el trabajo que hace le conecta con el mundo espiritual y con todos los que están en él, incluso los desagradables.

La circunferencia de su círculo debe aproximarse a su altura física. Puede ponerse de pie y girar en el sentido de las agujas del reloj, con un brazo extendido (con una varita o una escoba si es practicante). O simplemente puede marcar su altura con una cinta métrica; si se siente más cómodo con las barreras.

Puede dibujar el círculo, colocar un cordón (recuerde atar los extremos del cordón una vez colocado el círculo o su hechizo no será efectivo), o espolvorear sal, que protege contra el mal. Si está al aire libre, intente utilizar los elementos que encuentre a su alrededor: piedras, ramitas, hojas... lo que haya. Esto le proporciona su representación visual y honra al mundo natural.

## Honrar las direcciones cardinales

Las direcciones cardinales se honran en el círculo de protección con velas correspondientes a cada una de las cuatro direcciones. Estas representan:

Norte - Tierra

Este - Aire

Oeste - Agua

Sur - Fuego

A veces se utilizan elementos representativos en lugar de velas, así que si prefiere hacerlo así, según su concepción de estos elementos representados por los puntos cardinales, no dude en hacerlo.

## Bendecir y formar el círculo

La bendición es el comienzo del proceso.

En el interior del círculo, camine alrededor de él en el sentido de las agujas del reloj, encienda las cuatro velas que ha colocado mientras camina, deje un rastro de sal detrás de usted para añadir una capa adicional de protección y honor. Si no ha utilizado velas, deténgase en la dirección de cada punto cardinal.

La intención es bendecir a los espíritus y a otros elementos de cada dirección. Puede decir un conjuro sencillo, como: «Bendigo y doy la bienvenida a los espíritus del Este/Oeste/Norte/Sur» o «Bendigo a los ancestros que se reúnen en esta dirección». Diga lo que le resuene.

Después de la bendición de los espíritus de cada dirección cardinal, camine hasta completar tres círculos completos mientras declara el propósito del círculo; lo que el círculo va a hacer, ritualmente. Esta es la formación del círculo.

Ese propósito es la protección, así que pida que el círculo sea bendecido y defendido de la atención e interferencia no deseada, de la negatividad y de la voluntad de los espíritus dañinos y traviesos, utilice las palabras específicas para su propósito.

Después de la tercera vuelta, su círculo de protección está creado. Ahora es libre de trabajar cualquier magia ritual que necesite totalmente protegido.

## Cerrar el Círculo

Una vez que haya terminado su trabajo ritual de protección, debe cerrar el círculo para dispersar la energía que se ha acumulado en él. Para ello, repita los rituales de creación y bendición a la inversa, agradezca a los espíritus de cada dirección/elemento cardinal mientras lo hace. Así como ha dado la bienvenida, debe despedirse, y agradecer a los espíritus su grata presencia.

Cada ritual que realice debe llevarse a cabo dentro del círculo de protección. Este sencillo proceso es su seguridad, protección y confianza espiritual. Tiene tanto significado psicológico como espiritual, así que hágase un favor: haga ese círculo antes de intentar cualquier trabajo ritual.

Nuestro próximo capítulo explorará el mundo de las sustancias protectoras y cómo utilizarlas. Para facilitar a aquellos que son nuevos en los hechizos de protección y los rituales que los acompañan, mantendré estos materiales tan accesibles como sea posible para que los lectores puedan beneficiarse de sus propósitos durante el ritual.

# Capítulo 4: Cristales, hierbas y aceites protectores

Ahora hemos llegado a la parte del libro que profundiza un poco más en algunos de los materiales naturales que pueden ayudarle a protegerse a sí mismo, a su hogar y a los demás.

Dado que la wicca es una práctica espiritual ligada a la naturaleza y a los elementos, es de esperar que se utilicen elementos naturales. Los cristales, las hierbas y los aceites no solo son naturales y fáciles de conseguir, sino que se pueden encontrar en todo tipo de lugares inesperados, además de en Internet. Recuerde que muchos han hecho de la wicca un negocio, lo cual es emprendedor, pero hay otras formas (menos costosas) de obtener sus mercancías. Vamos a centrar nuestra atención en estos productos de protección y en lo que pueden hacer en su práctica personal.

Recuerde que este capítulo no pretende ser un tratamiento exhaustivo de las sustancias que se explican, por lo que nos ocuparemos de elementos específicos para el propósito del libro.

## Cristales

El emblemático científico Albert Einstein dijo que «todo es energía, y eso es todo». La materia, según la ciencia, es sobre todo espacio (Akasha), desprovisto de lo que entendemos como lo material. Pero la materia está formada en esta misteriosa creación, unida por estructuras moleculares y, por supuesto, la energía que menciona Einstein más arriba.

Así, los cristales son «inanimados», pero como todo lo que vemos a nuestro alrededor, son energía. Las diferencias entre las cualidades energéticas de las distintas sustancias son tan numerosas como las propias sustancias. Pero la energía de los cristales es estable e inmutable.

La energía humana, en cambio, cambia constantemente. Está influida por las personas, los acontecimientos, otras incursiones energéticas de esas personas y acontecimientos, lo que comemos y cómo vivimos. La estabilidad de los cristales apoya la inestabilidad de nuestra energía humana.

Debido a su estructura molecular, la estabilidad de los cristales tiene un valor increíble para nosotros en los hechizos de protección. Esa estabilidad es poder. Mientras que los humanos tienen su marca de poder espiritual, este es extremadamente mutable, demanda el apoyo de una energía estable y el poder asociado a ella.

Hablaremos de varios cristales cruciales para los hechizos de protección porque son reconocidos por sus poderes protectores. Conozcamos un poco sobre ellos.

### Turmalina negra

Este cristal es a la vez protector y sanador.

Si alguna vez sintió que le atacaba la mala voluntad de otras personas o que sus pensamientos eran excesivamente negativos, debe conocer este cristal.

La turmalina negra calma y acorrala la energía negativa dañina. Últimamente, los practicantes dicen que tuvieron éxito con este cristal para protegerse contra el efecto de los dispositivos electrónicos modernos, que emiten energía electromagnética dañina.

Es un poderoso destructor del estrés y un agente protector. En cualquier momento en que se sienta nervioso, perturbado por la presencia de alguien en su vida, o temeroso por las situaciones que suceden a su alrededor, este cristal es una fuerza de conexión a tierra, aportándole una energía protectora específica. Llevarlo encima en los momentos difíciles es una práctica muy recomendable.

Este cristal también ayuda a reducir el miedo y su influencia en la vida. Inspira y aumenta la felicidad.

Dado que absorbe la energía negativa, hay que purificarlo regularmente. Coloque su cristal en un cuenco de arroz integral sin cocer, sumergiéndolo bajo los granos. Déjelo allí durante una hora, tapado. A continuación, deshágase del arroz inmediatamente después de haber destapado el cuenco y recuperado el cristal. Puede quemar el arroz o deshacerse de él cuidadosamente por otro medio que lo destruya, en lugar de simplemente empaquetar la energía para que se libere en otro lugar. Tirarlo a la chimenea en una bolsa de papel tiene un efecto similar (no, la energía negativa no sobrevivirá al fuego).

## Amatista

La amatista es el cristal de la «serenidad ahora». George Costanza probablemente habría podido dejar de gritar si hubiera tenido a su disposición un poco de este cristal que induce a la tranquilidad.

James St. John, CC BY 2.0 <https://creativecommons.org/licenses/by/2.0>, via Wikimedia Commons
https://commons.wikimedia.org/wiki/File:Amethyst_(purple_quartz)_12.jpg

Protege las emociones y la espiritualidad de quienes la emplean. También es un remedio muy eficaz para la ansiedad y los patrones de pensamiento de los que no se puede salir por sí mismo. Curiosamente, los antiguos griegos creían que les protegía de la embriaguez.

Si está preparado para ascender a un nivel superior de conciencia, la amatista puede ayudarle a conseguirlo, ya que elimina la energía negativa y las consecuencias del estrés. La presencia de este cristal es calmante, imparte una sensación de tranquilidad.

Protege contra las pesadillas cuando se coloca cerca de la cama o bajo la almohada. Este cristal también aumenta la conciencia espiritual.

Para limpiar este cristal, sumérjalo en un baño de agua salada, dejándolo entre varias horas y dos días completos (depende de la intensidad de la energía absorbida por el cristal).

## Obsidiana

Este codiciado cristal de color negro intenso se crea a partir de la lava que se enfría bruscamente después de ser emitida por un volcán, vidrio volcánico.

Como absorbe energía negativa y malévola, debe asegurarse de limpiar su obsidiana con frecuencia. Cuando limpie un cristal de obsidiana, imagine que toda la negatividad de la que le ha protegido fluye fuera de su realidad y hacia el vacío. Algunas personas limpian este cristal bajo el agua corriente. También puede utilizar el método del arroz integral como con la turmalina negra. Si elige el arroz integral, piense que el arroz absorbe toda la negatividad del cristal, y luego deshágase cuidadosamente de él, quémelo o destrúyalo de otra manera para destruir la energía. Lo mejor es el fuego.

La obsidiana también ayuda a los practicantes a discernir dónde entra la energía negativa en sus dominios inmediatos. Debido a que el cristal absorbe las energías negativas, protegiéndole de ellas, proporciona libremente pistas energéticas que no tendrá problema en recoger. No le va a hablar (pero sí... si entiende lo que quiero decir).

## Sal

La sal es probablemente el más conocido y accesible de todos los cristales utilizados en cualquier fe neopagana. Su historia como elemento natural utilizado en la protección es antigua y universal. ¿Cuántas personas conoce que se tiran la sal por encima del hombro izquierdo cuando se les derrama? Sí, solía ser cara de comprar, por lo que desperdiciarla estaba mal visto. Pero la sal siempre ha tenido un enorme valor espiritual, especialmente en lo que respecta a los hechizos de protección.

La sal se menciona incluso en la Biblia como medida de valor. También se menciona como agente purificador y símbolo de la fidelidad humana y la pureza del carácter. La larga historia de la sal como elemento protector abarca continentes y épocas.

No cabe duda de que hay mucha magia folclórica asociada a la sal. Otra creencia es que la sal derramada en la mesa es un presagio de que se va a gestar una amarga disputa familiar.

La sal está presente en muchos ritos de protección. Puede utilizarse en los hechizos de reflexión, que emplean un espejo para redirigir el mal hacia la persona de la que emana. El espejo se coloca en un pequeño cuenco, con el nombre del objetivo escrito en un trozo de papel reflejado en el espejo. Puede espolvorearse por los alféizares de las ventanas y en las puertas para impedir la entrada de espíritus infelices o malintencionados o de energía negativa y desagradable.

Es uno de los cristales protectores más comunes y el más fácil de acceder y utilizar. Y es uno de los componentes más importantes de un frasco de protección. Para ello, vamos a hablar un poco de la sal negra y de cómo crearla.

### Sal negra

Puedo apostar que los lectores notaron que dos de nuestros cristales para la protección son negros. A pesar de las extrañas asociaciones del color negro con el mal, el negro no tiene este significado en el mundo real de los elementos.

FotoosVanRobin, CC BY-SA 2.0 <https://creativecommons.org/licenses/by-sa/2.0>, via Wikimedia Commons https://commons.wikimedia.org/wiki/File:Black_Salt.jpg

Por el contrario, el negro tiene poderosas propiedades protectoras, como hemos visto anteriormente con la turmalina negra y la obsidiana. La sal negra tiene otro nivel de poder debido al poder protector del color negro.

Esto es lo que necesitará para crear su propia sal negra en casa:

- Sal marina
- Cápsulas de carbón activado
- Cenizas (de palos de salvia son las mejores, ya que son naturales o de incienso de origen natural)
- Un mortero para mezclar los ingredientes (a menudo se encuentra en tiendas de segunda mano, no pague más)
- Un recipiente de cristal para guardar el producto terminado. (De nuevo, encuéntrelo en la tienda de segunda mano o guarde frascos viejos, ya que usará unos cuantos si se toma en serio los hechizos de protección).

Si no tiene acceso a cápsulas de carbón activado, pruebe con otra fuente. La madera quemada es la mejor de todas. Es natural y ha sido templada por el fuego. La pimienta negra y la tierra de un cementerio también pueden utilizarse si se siente especialmente creativo. Dicho esto, los ingredientes de la lista son todo lo que necesita.

Cuando mezcle los ingredientes en el mortero, concéntrese en mezclar las cenizas con los demás ingredientes. Su intención es la protección, así que céntrese en su conexión con las cenizas y lo que van a hacer para ese fin.

Una vez hecha la mezcla, guarde la sal negra en un recipiente de cristal hermético. Esta parte es muy importante, ya que cualquier humedad del aire solidificará la sal. Asegúrese de que el recipiente que utilice sea completamente hermético.

Una vez que se hable de las hierbas y los aceites, hablaremos del tarro de protección, ya que incorpora los tres elementos, incluida la sal negra.

## Hierbas protectoras

Las hierbas no solo saben bien en las ensaladas. Muchas de ellas tienen funciones específicas en rituales religiosos de todo tipo, desde la wicca hasta el vudú y otras tradiciones espirituales boticarias que combinan la sabiduría medicinal de las hierbas con un componente ritual.

Como con los cristales, el origen natural de las hierbas ya las convierte en buenas compañeras. Sus aromas y sabores nos proporcionan regalos que trascienden incluso sus fines espirituales. De nuevo, elegí tres hierbas protectoras (aunque hay muchas) que tienen un gran significado en el contexto de este libro.

### Caléndula

La caléndula es una hierba protectora poderosa y fácilmente disponible. Puede encontrarla seca o cultivarla para secarla. De cualquier manera, encontrará que esta hierba es asequible y fácilmente disponible.

https://pixabay.com/photos/calendula-officinalis-herb-orange-4733947/

Su magia se expresa más en la India, donde desde hace mucho tiempo adorna las estatuas de los dioses hindúes. Muy asociada a la deidad y a las premoniciones/profecías, la caléndula es una poderosa hierba protectora a la que no se le da suficiente importancia.

Colgar una guirnalda de flores en la entrada de su casa evita que entren influencias negativas y maliciosas. Plantarlas alrededor de la casa es también una excelente medida de protección, pero para muchos de nosotros es solo una solución estacional.

### Salvia

La salvia es una de las hierbas de protección más empleadas. Llamada «smudge» en la espiritualidad de los primeros pueblos, la vara de salvia se utiliza para limpiar la negatividad, la hostilidad, la enemistad y el mal, y todas las energías no deseadas.

La salvia común puede encontrarse en cualquier lugar o cultivarse en casa. El cultivo de la salvia es extremadamente fácil, pues tiene vida propia: es una hierba muy prolífica. No busque la salvia blanca, ya que la demanda popular hace que sea más cara esta variedad de la hierba. Las tendencias no definen la eficacia y, francamente, la salvia blanca es igual que las otras. Déjela en paz.

https://pixabay.com/sv/photos/salvia-v%C3%A4xt-aromatisk-v%C3%A4xt-2666127/

La salvia formará parte del tarro de protección que vamos a preparar al final de este capítulo.

### Anís

El anís es una poderosa hierba protectora que se utiliza para alejar a los espíritus malintencionados. Fácil de conseguir y barato, el anís puede guardarse en una bolsita y ponerse bajo la almohada. Las hojas de esta hierba también pueden acompañarle en su círculo de protección para impedir que los espíritus desagradables perturben sus rituales.

https://pixabay.com/photos/star-anise-seasoning-smell-spices-3619196/

Colocadas en su círculo de protección, las hojas de anís en el altar añaden una protección adicional contra los espíritus y energías maliciosas. Tiene el sabor aromático del regaliz. Esta hierba también es conocida por potenciar la capacidad psíquica y la sintonía con el mundo de los invisibles.

### Aceites

El uso de aceites esenciales existe desde hace milenios. Se sabe que los antiguos egipcios cultivaban plantas específicas para utilizarlas como cosméticos, como artículos religiosos y para preparar los cadáveres para su entierro. De ellos desciende la disciplina de la aromaterapia.

Hoy en día, los aceites esenciales se utilizan ampliamente para muchos fines, desde aliviar el estrés hasta estabilizar y aumentar la concentración.

En la práctica mágica, los aceites adquieren una identidad diferente. Suelen utilizarse para consagrar el cuerpo del practicante o para bendecir los instrumentos utilizados en los rituales, como los cristales y los amuletos. Los aceites también se utilizan para crear velas e incienso.

En el caso de los aceites con fines rituales, no se recomienda en absoluto el uso de aceites sintéticos. El uso del aceite de origen natural honra la unión del mundo natural y la humanidad en la wicca y otras aplicaciones neopaganas. Aunque los aceites sintéticos pueden tener un aroma similar, no se derivan de plantas reales. Es importante tener en cuenta cuando se habla de aceites (hechos de plantas, que son cosas vivas y por lo tanto, sagradas) el natural es el que siempre se debe tratar de usar. A los espíritus no les gusta lo artificial.

Veamos algunos de los aceites más importantes utilizados en los hechizos de protección.

### Clavo de olor

El clavo de olor es bien conocido por sus propiedades curativas, produce una sensación de adormecimiento que ayuda a los que sufren de dolor de muelas. Utilizado como especia en las comidas festivas, tiene un sabor y una fragancia inconfundibles.

El clavo también tiene un efecto tonificante que agudiza los sentidos. Este aumento de la sensibilidad es muy útil para los hechizos de protección, ya que dota al practicante de una mayor capacidad para comprobar las energías del entorno.

Utilizado en los rituales de limpieza, el clavo tiene también propiedades purificadoras. Esto explica la capacidad del clavo de prevenir las interrupciones e incursiones de los espíritus malévolos.

### Menta piperita

Viva y fresca, la menta es un aroma conocido por favorecer la concentración y la claridad mental. También favorece la renovación.

El uso ritual del aceite de menta se extiende a los hechizos de protección. La intensidad del aroma de esta hierba hace que el practicante se concentre en el círculo de protección y añada a la magia protectora ya en juego un toque aromático.

### Enebro

Las bayas de la planta de enebro tienen poderosas propiedades protectoras (por no mencionar que son las responsables del licor, la ginebra). Utilizado a menudo para alejar hechizos y maldiciones, el enebro también se emplea en sus países de origen para protegerse del mal de ojo.

https://pixabay.com/photos/juniper-berry-juniperus-common-4833381/

No es difícil de encontrar ni de cultivar. Al igual que los otros aceites de esta lista, este aceite se puede crear fácilmente, y aquí se explica cómo.

### Hacer aceites en casa

Ya tenga un jardín al aire libre, una escalera de incendios o simplemente una mesa que soporte algunas macetas con tierra junto a una ventana, puede cultivar cualquiera de las plantas de esta lista para crear sus aceites. No hay nada tan satisfactorio como ver cómo crecen los elementos naturales que va a cosechar para obtener aceites. Me gusta pensar que cultivar las propias hierbas y la planta base para los aceites les infunde una intención aún mayor.

Pero si no le apetece no dude en buscar los materiales que necesite, eso sí, que sean naturales.

Cada paso que da en la creación de herramientas sagradas (como los aceites) debe ser tomado con gran intención, entender que hay una meta hacia la que se dirige, que depende de cada paso. Desde la compra de las macetas y la tierra hasta la cosecha y la elaboración del aceite, el enfoque intencional de lo que hace (y por qué lo hace) guía el proceso.

Necesitará:

- Un tarro de tamaño pequeño con la tapa hermética
- Un segundo recipiente para guardar el aceite terminado
- Un trozo de muselina o gasa
- Una base de aceite (de nuevo, una base de aceite natural, la jojoba es la más duradera, y también interfiere menos con el aroma de la hierba o hierbas que utilice, debe utilizarse por el bien de la integridad ritual de su aceite)
- Hierbas secas de su elección (las hierbas deben estar secas antes de usarlas porque si están frescas se pudrirán en el aceite)

Ahora, haga esto:

- Colocar las hierbas secas en el tarro de cristal, llenar hasta un tercio de su capacidad
- Verter el aceite base sobre las hierbas, casi hasta arriba
- Tapar el tarro y agitar suavemente
- Guardar en un lugar oscuro y fresco durante 4 semanas

Mientras pasan esas semanas:

- Agitar el tarro dos veces al día
- Una vez transcurridas las 4 semanas, abrir el tarro y colocar la muselina o la estopilla sobre la abertura del tarro. Asegurarla con una banda elástica
- Verter el contenido del tarro en el otro recipiente. Las hierbas serán coladas por la estopilla o la muselina

Cada paso debe darse con intención, incluso hasta el punto de elegir dónde va a guardar el aceite. Piense en cómo le ayudará en su trabajo de protección y cómo aumentará la energía en su círculo ritual al infundirle otro elemento natural.

Ahora, concluyamos este capítulo con la creación de un tarro de protección.

## Cómo hacer un tarro de protección

Es un método antiguo para construir un nexo de protección para su hogar y su familia. Se pueden añadir muchos elementos a los tarros de protección. Todo, desde los hechizos de hierbas escritos a mano hasta los cristales, se puede ensamblar para crear un tarro de protección tan individual como usted.

Los tarros de protección son como guardianes silenciosos, que llevan en su interior su apelación energética al universo y al mundo espiritual. Dado que el tarro es específico para usted y debido a la autonomía de la práctica mágica, no hay reglas estrictas en cuanto a lo que entra en un tarro de protección, excepto una: ¡la intención!

Los ejemplos de tarros de protección se remontan a la época de la guerra civil estadounidense, pero las ideas que los sustentan son más antiguas. Incluso desde un punto de vista moderno, no es difícil identificarse con la idea de que una colección de objetos significativos con propiedades protectoras conocidas podría utilizarse para defenderse del mal exterior. Cuando añada su intención, enfoque y voluntad energética a esa colección, esta adquiere la vida de los invisibles.

Descubramos cómo crear un tarro de protección basándonos en algunas pautas generalmente aceptadas.

Los tarros son ideales para los nuevos comienzos, como la mudanza a un nuevo hogar o lugar de trabajo. Crear uno para la ocasión le capacita para ser el centro espiritual del nuevo espacio y su habitante consciente. Pero cualquier hogar, cualquier lugar, puede beneficiarse del poder elemental de un tarro de protección, viejo o nuevo.

Algunas personas entierran sus tarros, y aunque este es un modus operandi popular, no es del todo necesario. Su contenido puede ser fuente de poder y consuelo cuando se guardan en un lugar que transite del interior al exterior, como una ventana o cerca de una puerta. Dicho esto, hay una ventaja elemental en enterrarlo, puede aprovechar los innumerables poderes de la tierra.

## Componentes de su tarro

Uno de los componentes clásicos es el sigilo. Aunque hablaremos más sobre esto en un capítulo posterior, el sigilo es como un autógrafo personal y mágico, que engloba su energía y su intención para el proyecto.

El sigilo ha existido probablemente desde los primeros momentos de la humanidad. Los garabatos en el estiércol y el carbón de la leña en las paredes de las cuevas son ejemplos de deseos personales que buscan manifestarse. Son comunes las escenas que representan presas abundantes para alimentarse. Aunque los garabatos de nuestros antepasados cavernícolas pueden parecer burdos a nuestros ojos, expresan las consideraciones clave de la vida humana de la época: la alimentación y la seguridad.

Escrito en un trozo de papel, el sigilo es un potente representante de su conciencia e intención consciente.

Al final del proceso de creación del tarro de protección se puede colocar una vela negra en él. Esto debe hacerse rápidamente para asegurar que la cera está todavía lo suficientemente fresca para sellar el tarro. ¡Así es! Parte del hechizo que usará para consagrar su tarro de protección será sellarlo con la cera de una vela negra.

También hay que añadir hierbas. Las hierbas mencionadas anteriormente en este capítulo pueden ser utilizadas ya que son específicas para el propósito del tarro.

Por supuesto, hay que añadir sal negra al frasco. Colocar una pequeña bolsita que contenga un poco de la sal negra que ha fabricado atrae su propia espiritualidad como fuente de energía protectora.

La amatista es el cristal más adecuado. No es necesario que el cristal sea grande. Puede ser pequeño, pero si se limpia y bendice adecuadamente, le protegerá a usted, a su hogar y a sus seres queridos.

El incienso también debería añadirse. Una vez más, es esencial asegurarse de que el incienso sea de origen natural. Se utilizará para limpiar el tarro de toda energía negativa.

El copal, un tipo de incienso utilizado en los antiguos rituales mayas y que todavía es utilizado por los mayas de la península de Yucatán, es una buena elección. Probablemente sea menos difícil de encontrar (y menos costoso) que el incienso natural. El copal es un intenso agente purificador.

Como puede ver, el tarro de protección no es tan complejo una vez que tiene controlados los elementos que necesita y una noción de lo que hace. Como he dicho antes, no es necesario enterrarlo. Mantenerlo en una ventana permite que esté expuesto a la luz de la luna y el sol, y esto hace que se cargue de forma pasiva.

Mientras crea su tarro de protección, infunda en cada elemento la intención y voluntad de unirse a los invisibles para invocar el favor del mundo natural hacia su protección.

Lo que dice importa mucho menos que lo que está vivo en su corazón y en su mente. Esta es una de las características más atractivas de los sistemas de fe neopaganos. Pero tampoco es una licencia para la dejadez. Acérquese y actúe con reverencia. Lleve su humildad a toda la magia que practique.

En nuestro próximo capítulo, pasaremos a los símbolos y sigilos protectores, aprenderemos su significado y averiguaremos un poco cómo funcionan.

# Capítulo 5: Los símbolos protectores y el sigilo

El simbolismo es un sistema poderoso que une a los seres humanos en todas las culturas. Todos reconocemos ciertos símbolos; la señal de stop es solo uno de los muchos símbolos universalmente reconocidos.

El neopaganismo y la wicca están repletos de una gran variedad de símbolos, todos con historias ilustres y poderes de talismán. Algunos de estos símbolos le resultarán familiares. Otros serán completamente nuevos. Pero mientras lea sobre ellos, tenga en cuenta el poder del simbolismo. Piense en cómo estas representaciones han llegado al mundo moderno, con sus significados tradicionales casi intactos.

Por supuesto, las supersticiones culturales y las malas interpretaciones siempre tienden a aguar la fiesta, como es el caso de nuestro primer símbolo de protección: el pentáculo.

## Pentáculo

Desgraciadamente, cuando mucha gente ve el pentáculo, cree que simboliza al diablo, ¡esa es una creencia incorrecta! Aunque el símbolo ha sido absorbido por grupos con orientación al inframundo (de forma poco saludable), el pentáculo no es en absoluto malicioso ni representa el mal.

Se trata de una estrella con cinco puntas, el pentáculo (también llamado pentagrama), dentro de un círculo. Las puntas de la estrella representan los cuatro elementos naturales y el quinto, el espíritu.

Este símbolo es también un poderoso protector, y el practicante puede trazarlo en el aire dentro del círculo de protección para invocar su poder. El pentáculo se utiliza a menudo para alejar el mal y la energía negativa, cuando se invoca de esta manera.

Para dibujar el pentáculo, con el fin de desterrar energías o espíritus malignos, se empieza por el punto superior, luego hacia abajo a la derecha, después se dibuja hacia arriba a la izquierda, cruza hacia arriba a la derecha, y luego hacia abajo a la izquierda y de nuevo hacia arriba.

Para la protección, empiece por el punto superior, pero invierta el orden, comience por la parte inferior izquierda y complete el pentáculo a la inversa.

El símbolo del pentáculo representa la tierra, pues incluye los cuatro elementos más el quinto elemento del espíritu. Como tal, es una especie de microcosmos, que expresa la unión de la humanidad con el mundo natural (incluidos los aspectos invisibles del mismo).

## Ojo de Horus

El ojo de Horus, que se encuentra originalmente en los jeroglíficos egipcios, es un fuerte símbolo de protección y curación. En este contexto, representa el ojo derecho de Ra, el dios del sol.

El ojo de Horus también puede invocarse contra el ojo maligno o envidioso. Cuando se lleva, es un poderoso talismán contra las energías malignas de los demás y contra los espíritus de disposición similar.

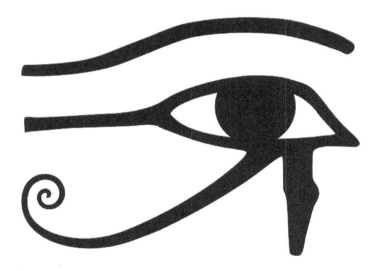

El ojo de Horus siempre vigila y tiene su contrapartida en el ojo de Ra.

### Ojo de Ra

Así como el ojo de Horus es el ojo derecho de Ra, el ojo de Ra es el izquierdo. Este lado está más asociado a ser un amuleto contra el mal de ojo.

Miles de millones de personas en todo el mundo creen en el mal de ojo, al que se hace referencia en escritos babilónicos de más de

5.000 años de antigüedad. El ojo de Ra puede invocarse cuando una amenaza proviene de una persona malintencionada o maliciosa. Puede pintar el ojo en su propiedad para protegerla y a los que la habitan; el ojo de Ra o el ojo de Horus también pueden llevarse como amuleto para protegerse del mal.

## Ankh

Al igual que los dos símbolos del ojo descritos anteriormente, el Ankh nos llega de los antiguos egipcios, para quienes simbolizaba la vida eterna. También está descrito en el libro egipcio de la vida y la muerte como la llave de la vida.

Hay diversas interpretaciones del simbolismo que representa el Ankh, pero la creencia tradicional es que el bucle de la parte superior del símbolo representa la salida del sol. La línea horizontal en el centro simboliza lo femenino, y la línea vertical que se extiende hacia abajo desde el bucle simboliza lo masculino. En su conjunto, el Ankh une el sol naciente (como símbolo de Ra) con la humanidad de ambos sexos, representa la fuente de la vida, sus receptores y administradores.

https://pixabay.com/illustrations/ankh-egyptian-silhouette-egypt-1529464/

Símbolo de protección, las poderosas ideas que subyacen en el Ankh lo convierten en un sigilo de extremo poder, que no debe tomarse a la ligera.

Trazar el símbolo en el aire (como el Pentáculo) invoca la protección de un espacio sagrado. También puede llevarse o dibujarse como talismán protector contra el mal y las malas intenciones.

Estos símbolos son los que más se asocian a la wicca en todas sus variantes. Antiguos y cargados con el poder del tiempo y de quienes los han invocado a lo largo de la historia, son potentes símbolos de protección.

A continuación, vamos a hablar de lo que son los sigilos (como he dicho, el Ankh en sí mismo es uno, una vez fue utilizado en los jeroglíficos egipcios para simbolizar el faraón del día) y cómo puede crear uno solo para usted.

## ¿Qué es un sigilo?

Es como la firma de un espíritu. Representa el resultado deseado de cualquier ritual que se realice.

La etimología de la palabra tiene sus raíces en el latín y el «sigillum», que significa «sello». Los sellos personalizados de los monarcas también se denominaban sigilos, ya que representaban la firma del cargo.

Como mencioné en el capítulo anterior, los sigilos han existido desde que la humanidad empezó a pensar de forma simbólica (durante el Neolítico) y a garabatear sus pensamientos simbólicos en las paredes de las cuevas. Los veves (dibujos simbólicos complejos) del vudú son muy análogos al concepto de los sigilos de la wicca. Pero en la wicca, el practicante puede crear los suyos propios, únicos para su propósito ritual específico.

Austin Osman Spare (1886 - 1956) fue un artista con un profundo interés en lo oculto. Spare utilizó un método único para crear un sistema de creación de sigilos. Sostenía que los creadores medievales de sigilos, que los utilizaban para atraer a espíritus específicos, estaban equivocados. En su lugar, planteó que los «espíritus» de la Edad

Media eran más bien arquetipos de Jung, habitantes del inconsciente humano. Él creía que estos eran los espíritus que necesitábamos alcanzar. Para aquellos que no tienen interés en lo sobrenatural, el modelo de Spare puede ayudarles a anclarse en el trabajo de los hechizos de protección a través de la «sigilización». Su idea era que los sigilos podían ayudar a los practicantes a abordar su psique personal.

Si este medio de aprehender la magia protectora le sirve, ¡adelante! Es su viaje. Otros que lean adoptarán el enfoque tradicional de los sigilos, lo que también está bien. No hay ningún dogma que satisfacer, así que encuentre su hechizo de protección como más le guste.

La intención que lleva al círculo de protección es la fuente de su sigilo y de su creación. De lo que desea protegerse a sí mismo o a los demás y de cómo lo hace, toma la forma de una intención fuerte e inequívoca. Con esto en mente, pasemos a ver cómo creará sus propios sigilos derivados de sus intenciones rituales.

## Su sigilo personal

Crear un sigilo personal no es solo un acto de empoderamiento. Es un acto de revelación. En su creación, la calidad de la intención está implicada de forma única. Lo que crea es una representación visual de su voluntad. Encarna una necesidad percibida de protección contra energías, intenciones y espíritus malignos. Y así, se revela a usted mismo en la creación del sigilo.

Es por eso que los conjuros (aunque tienen su importancia, especialmente en términos de vocalización que añade otra capa de energía natural a sus hechizos) son menos importantes que la intención detrás de ellos.

Cuando crea un sigilo personal, crea una pieza visual de usted mismo, donde está en ese momento. Su intención se centra en un asunto o problema específico. En este caso, trabaja con los elementos y los espíritus para protegerse, para proteger a otra persona, su hogar o lo que desee. Su conexión con el símbolo resultante de sus contemplaciones y acciones estará impregnada con el nivel de energía intencional con el que lo evoca.

El poder energético es la verdadera base de la magia. El sigilo es un tipo de ejercicio en el que el nivel de intensidad que aporte a los hechizos de protección es la clave de su éxito final. Usted es la fuente de energía, une, comunica y trabaja para la protección. Es la energía que llega a otra energía para la protección, en unidad consustancial (de la misma materia).

## Creación de un sigilo

Vamos a crear el sigilo derivado de su declaración de intención para el hechizo de protección al que lo va a añadir.

Incluimos el sigilo cuando hablamos de los tarros de protección. Este será el que colocará en su tarro de protección. No se preocupe si lo ha sellado. Tiene permitido recargar y revisar su contenido, repetir el ritual de purificación y volver a sellarlo con cera negra mientras recita su intención/hechizo.

Hay muchas formas de crear un sigilo personal, pero la más usada es esta:

- Escribir una declaración de su intención.
- Todas las vocales de esa declaración deben ser tachadas.
- Todas las letras duplicadas deben ser tachadas.
- Jugar con las letras restantes mientras piensa en su declaración de intenciones para crear una forma simbólica. Las letras siguen ahí, solo que no en su orden original ni en su función de formar palabras. Ahora son representaciones gráficas.
- Juegue con ese desorden loco un poco más mientras contempla su intención para el hechizo de protección y por qué lo lanza. Permita que su mente juegue con las letras y sus formas. Lo que le parezca bien es válido.

Y cuando haya terminado, lo sabrá.

Sentirá que su sigilo resuena y vibra con usted cuando lo haya impregnado con su intención y pasión. Necesita esa pasión para el trabajo de protección, y su energía sincera e intencional. El sigilo es una emanación de lo que es, de su energía, poder y espíritu.

Recuerde que la protección es algo positivo. Por lo tanto, mantenga un lenguaje positivo. Por ejemplo, «Mantenme a salvo» en lugar de «Tengo enemigos». Su enfoque ya habrá identificado la entidad, persona o energía de la que busca protección. No es necesario decir nombres, ya que su subconsciente y su espíritu ya lo han hecho.

Recuerde: estará listo cuando le agrade el producto final.

A continuación, exploraremos el uso de hechizos de protección para mantenerle a usted y a su hogar a salvo del mal.

# Capítulo 6: Protegerse a sí mismo y a su hogar

Muchas personas ya no se sienten seguras en sus propios hogares, y hay varias razones para ello. El mundo es un lugar peligroso en todos los niveles, incluido el del espíritu. Por lo tanto, es hora de profundizar un poco más en los hechizos de protección y cómo lanzarlos.

Con suerte, ahora se sentirá preparado para empezar a pensar en crear su primer círculo y reunir sus herramientas rituales de hechizos de protección. En este capítulo, voy a presentar una serie de hechizos de protección para uno mismo y para el hogar. Los siguientes ejemplos cubren una amplia gama de necesidades de protección que estoy seguro le serán familiares.

## Reinicio de la energía del hogar

Cada nuevo espacio que habite, a menos que sea tocado por un ritual energético, lleva sus propias energías. Los antiguos ocupantes dejan atrás todo tipo de cosas no deseadas, incluida la energía. Los seres humanos tienen sus «cosas», y no todas se guardan en cajas. Algunas de esas cosas van a influir en su energía.

Pero incluso si no se muda, su casa necesita un reinicio energético ocasional, por muy tranquilas que parezcan las aguas. La energía se mueve y puede dirigirse hacia usted fácilmente.

Así que, ¡vamos a reiniciar la energía de su casa!

### La hora de Marie Kondo

Lo siento, pero tiene razón en esto: el desorden. El desorden es algo malo. Las cosas que están en su casa en montones sin sentido socavan la buena energía al introducir energía caótica y negativa. Es un signo de negligencia.

Antes de reiniciar las energías de su casa, es totalmente necesario que ordene. Despeje todo. Guárdelo. Haga lo que tenga que hacer. Regale los objetos que ya no utiliza, arregle lo que pueda, tire lo que no se pueda reparar y empiece de nuevo.

Una vez abordado todo eso, es el momento de limpiar. Todo lo que utilice para limpiar, incluidos los paños, las esponjas y los productos de limpieza, debe estar cargado. Sostenga cada artículo mientras lo infunde con su intención: la limpieza energética de su hogar. Puede pensar en los momentos difíciles que ha tenido desde la última limpieza: discusiones, cheques sin fondos, riñas..., con la intención de limpiar las malas energías mientras limpia.

## Mantenerlo limpio (de malas energías)

Necesitará:

- Un sahumerio de salvia, o
- Incienso (salvia, artemisa, cedro)

Mientras que los pueblos descendientes de las primeras naciones todavía utilizan el sahumerio como parte de sus vidas, esta técnica para limpiar los espacios es endémica en las culturas aborígenes de todo el mundo, que es donde nació la magia elemental.

El sahumerio es un método casi universal y consagrado para alejar las energías negativas no deseadas y otras entidades invasoras. Elaborado con salvia seca, el sahumerio se usa para un propósito específico. Las propiedades purificadoras de la salvia son poderosas. Se enciende por un extremo y se pasa ante los objetos del espacio que se va a limpiar mientras se declara la intención. Puede decir algo como: «Este espacio se inundará solo con mi energía más elevada».

Pero no tema si no puede conseguir un sahumerio de salvia, utilice incienso de cedro o artemisa o simplemente queme la planta seca. También puede limpiar el espacio si hace sonar una campana o baila. Lo que se hace con intención funciona con su voluntad y la de sus compañeros elementales e invisibles.

Una vez que ha limpiado bien el espacio, puede establecer una nueva intención para él, que implique armonía y claridad comunicativa.

La purificación del espacio lo prepara para su vida como zona de espiritualidad y como hogar de un practicante. Esto puede invitar a energías curiosas o competitivas, por lo que siempre debe proteger su hogar con algunos de los símbolos y herramientas de los que hemos hablado en este libro, incluida la trenza de cebolla del capítulo uno y el tarro de protección del capítulo cuatro.

## Manifestar Buenas Vibras

Necesitará

- Una pluma roja para representar el fuego
- Un cristal protector (obsidiana, amatista, turmalina negra) para representar la tierra
- Una roca de río para representar el agua
- Incienso para representar el aire
- Un sigilo personal creado para este ritual de equilibrio, con la intención de manifestar vibraciones buenas y positivas en el hogar

Generar y mantener las buenas vibraciones en su hogar se basa en los cinco elementos, por lo que los materiales mencionados anteriormente representan cada uno de los elementos. Puede tener otras ideas sobre objetos representativos. Solo recuerde que cada objeto elegido debe ser consagrado intencionalmente a su propósito mediante la limpieza y contemplación correcta.

Cree su círculo como se describe en el capítulo tres y coloque los artículos elementales representativos en el círculo antes de la purificación, ya que se incluirán en este ritual. Una vez creado el círculo, cada uno de estos artículos puede llevarse a su dirección cardinal correspondiente, mientras pronuncia el nombre del elemento asociado y pide que el entorno benévolo del hogar sea el de los elementos en armonía.

Podría decir: «Honro su gracia, su armonía y la de sus compañeros y la deseo en mi hogar», o quizás: «Que mi hogar sea agraciado con las sublimes vibraciones de este círculo de protección divino». Este ritual le protegerá de las energías malsanas, pero recuerde que no es permanente. Esas cosas se mueven.

## La joya de la corona de la protección del hogar

Como he dicho a lo largo de este libro, hay una enorme amplitud de prácticas en el neopaganismo en general y en la wicca, en particular, arraigadas en la autonomía individual.

Lo mismo ocurre aquí cuando se habla de proteger el hogar. La gente adopta una gran variedad de enfoques. Para concluir los otros rituales de protección que he mencionado (todos los pasos en el «reinicio» energético del hogar), vamos a sellarlo con un hechizo de protección específico.

Utilice sal marina simple o sal negra, recorra el perímetro de las habitaciones de su casa, y deje caer la sal detrás de usted mientras pide protección para la habitación. Podría decir: «Protege de todo mal este lugar sagrado, mi hogar».

Podría terminar en cada habitación con una fuerte declaración de que el espacio es suyo y que solo el bien será recibido allí. También podría decir que es el dueño o la dueña del espacio, sin duda alguna.

Cuando haya terminado en el interior, salga al exterior y rodee el edificio con la sal, arrástrela detrás de usted y aleje las malas energías o entidades.

Con todos estos pasos realizados, su casa estará protegida. Pero esté siempre atento a cuando el equilibrio de las energías se desplace y pueda ser necesario corregirlo con una recarga (otro ciclo de los rituales descritos anteriormente).

Además, tenga en cuenta el papel de sus herramientas. Estas se suman a su protección doméstica cuando se crean con la intención enfocada, ¡por supuesto! Así que entierre su tarro de protección en el patio trasero o póngalo en una ventana donde pueda ser cargado por el sol y la luna. Colóquese piedras y hierbas protectoras sagradas y tenga en cuenta que ha creado un espacio energéticamente más saludable y nutritivo para vivir.

### ¿Y usted?

Es el centro energético del frente del hogar, así que ¿qué pasa con usted? También necesita estar cargado y protegido. Parte de esto implica el autocuidado y el control de sus niveles de energía cuando se trata de trabajo ritual (no se pongan en plan «hechicero»), ante la posibilidad de necesitar protección para sí mismo. Mientras que vamos a hablar más sobre esto en términos de hechizos y tipos específicos de energías problemáticas en capítulos posteriores, ahora, me gustaría discutir brevemente el agotamiento energético.

El agotamiento energético puede llegar rápidamente si se siente atacado. No hay peor sensación en el mundo y no hay peor cosa que le pueda pasar al centro energético del hogar. Vamos a hablar de cómo protegerse de algunas posibles trampas.

### Obsesión por el trabajo

El mundo en el que va a entrar es uno que puede resultar extremadamente absorbente. Como ocurre con cualquier filosofía o religión, los que se acercan por primera vez al sistema serán voraces, ansiosos de ingerir todo lo posible.

Es tan normal que ni siquiera nos damos cuenta cuando se convierte en una trampa. Al habernos sumergido en el trabajo de los hechizos de protección y todo lo que conllevan, nos volvemos hambrientos de conocimiento, a veces insaciables. Nos olvidamos de las cosas que solíamos disfrutar. A veces nos olvidamos de cuidar de nosotros mismos o de otras obligaciones.

Esto no es saludable, y no importa si busca la wicca como una experiencia comunitaria, si simplemente está interesado en el trabajo en sí mismo o en aquellos que no se ven. El equilibrio es saludable. Cuando la vida tiene demasiado de un componente, se vuelve desigual y a menudo se distorsiona. Sea consciente de esta posibilidad y sea sincero consigo mismo. Es posible que su círculo más cercano esté cansado de oír hablar de esta nueva obsesión, lo que puede resultar alienante.

¿La solución? Amar la vida. Vívala como siempre lo ha hecho. Lanzar hechizos no pretende esclavizarle ni forzar cambios en su forma de vida cotidiana. Pretende mejorar su vida, haciéndola más rica y más poderosa. Vivir más en sintonía con la plenitud de la vida es el objetivo.

### Abandonarse a sí mismo

Cualquiera que se haya enfrentado a una situación de acaparamiento sabe cómo es la obsesión. La obsesión es ciega. Solo ve lo que quiere ver.

Y uno de los resultados más comunes del agotamiento energético es el descuido de uno mismo.

¿Quién necesita tener el pelo limpio cuando lanza un hechizo, verdad?

Lo siento. Todo el mundo necesita un pelo limpio para esto, pues va a entrar en un diálogo antiguo y sagrado con el mundo elemental. ¿No debería ser parte de su intención presentarse respetuosamente? Ciertamente, eso espero.

Descuidarse a sí mismo al no realizar sus rituales habituales de autocuidado no honra a nadie ni a nada. Centrarse demasiado en un área le hace estar menos atento a las energías del entorno, ser menos eficaz en sus lanzamientos y (lo peor de todo) ser menos agradable para los que no se ven. Y usted necesita a esas entidades. Necesita la energía y la sabiduría que habita más allá del velo para dar lo mejor de sí como practicante.

Por lo tanto, cuidarse a uno mismo no es opcional. Es parte de lo que hace. Todo lo que hace, recuerde, está relacionado con lo que es. El trabajo de protección u otros hechizos no le pertenecen. Ese trabajo le acoge como un socio y un componente necesario del conjunto.

Eso es un asunto serio. Así que, aparezcamos como nosotros mismos y no como sombras de nosotros mismos. Descanse. Vaya al parque. Monte en bicicleta. Es todo un mundo que necesita cuidados amorosos. Hónrese a sí mismo.

### Búsquese a sí mismo en otro lugar

Enamorarse es una actividad que lo consume todo. Parece que no hay nada, excepto el objeto de afecto, que pueda mantener la atención de uno durante más de un minuto fugaz. Todos conocemos esa sensación. Pero la mayoría de nosotros también conocemos las aplastantes secuelas de un amor ardiente que se apaga.

Cuando nos sentimos estresados, podemos sentir que nos atacan. Por lo general, no es así. Las respuestas están en nuestra forma de ver las cosas. Nosotros tenemos la llave, aunque sintamos que el problema es externo.

A veces, el amor necesita tomarse un respiro para que podamos obtener una nueva perspectiva. Otras áreas de la vida que ama: ¡le necesitan! Hay otros amores y pasiones fuera de esa persona, y todos requieren su atención. Recuerde que es un individuo polifacético con innumerables necesidades que requieren atención y cuidados.

Es espíritu, pero también es cuerpo. Es un ser humano complejo con vida más allá de los hechizos. Haga todo lo que pueda para comprometerse con la vida como siempre lo ha hecho, revigorizado por el hechizo y no oprimido por sus demandas (que usted mismo se ha impuesto).

Solo puede ser un centro energético cuando está cómodo en su propia piel, feliz, bien cuidado y bien alimentado. Quererse a usted mismo primero es la única manera de asegurar que puede ser ese centro energético para su hogar.

Los hechizos de protección y otros hechizos son fascinantes y envolventes, así que permítase dar rienda suelta a su nueva pasión con conciencia, respeto por sí mismo y reverencia. Eso debería ser suficiente para equilibrar su enfoque y asegurar que es un practicante sano, eficaz y poderoso.

Consulte los cinco elementos con reverencia y encuentre en ellos un modelo de equilibrio y geometría sagrados. Esa geometría se refleja en el cuerpo humano, como demostró Leonardo Da Vinci en su Hombre de Vitruvio. Su integridad física, mental y espiritual debe reconciliarse para ser uno con todo lo que es. El equilibrio homeostático en el cuerpo, la mente y el espíritu se hace eco del de los elementos y del propio universo.

Si empieza a sentirse abrumado, asegúrese de protegerse de la negatividad, ya sea externa o interna, y diga algo como: «Deseo el equilibrio y la simetría de los cinco elementos».

Cualquier apelación al equilibrio y a la regeneración de lo positivo en su alma es un rito que requiere la seguridad del círculo de protección y su intención contemplativa. Recuerde siempre recargar su precioso ser y la energía en la que se deleita el universo y todos sus elementos y entidades.

A continuación, hablaremos de la expulsión de hechizos y maldiciones. Las características desafortunadas y más bien molestas del mundo de los hechizos pueden ser tratadas cuando se sabe lo que se hace y sin alterar el delicado equilibrio de todo lo que no sea el hechizo o maldición en sí.

# Capítulo 7: Repeler hechizos y maldiciones

Los hechizos y las maldiciones son problemáticos y molestos, y como he dicho anteriormente, no todo el mundo se aferra a los hechizos por las razones correctas. Algunas personas que se interesan por el lanzamiento de hechizos tienen problemas con mucha gente.

Y algunas personas simplemente no tienen regulación de comportamiento o temperamento. En cualquier caso, los hechizos y las maldiciones no son nada divertidos, así que este capítulo trata de cómo acabar con ellos.

## La diferencia entre hechizos y maldiciones

Tanto los hechizos como las maldiciones emanan de los ofendidos y resentidos. A veces, la gente está tan ofendida que le desea el mal, y ambos tipos de maldiciones tienen la intención de hacer precisamente eso.

Pero hay diferencias claras entre ellas.

Aunque el hechizo parece peor, no lo es. Un hechizo es lanzado deliberadamente por un practicante de hechizos dentro de cualquier tipo de situación. Pero cualquiera puede maldecir.

El problema de las maldiciones es que no tienen fecha de caducidad. Esa maldición puede pender sobre su cabeza hasta que el infierno se congele. Y por eso la maldición es peor con diferencia. Una maldición puede transmitirse a su descendencia e incluso a las generaciones siguientes.

La palabra «hechizo» viene del alemán «hexen», que se refiere a la brujería y al lanzamiento de hechizos. Solo los practicantes pueden lanzarlos, y a menudo reclutan energías y entidades de quienes no vemos.

Se lanzan para castigar un mal comportamiento (en la mayoría de los casos se hacen en un ataque de mal genio), y su duración es breve. La idea es enviar un mensaje, no acabar con la vida de alguien o causar un daño permanente. Lo que hacen es castigar con incidentes como problemas temporales de salud mental y física o con desgracias.

En cuanto a las maldiciones, tenga cuidado con sus pensamientos y lo que dice cuando está enfadado con alguien. Sin quererlo y sin saberlo, puede atraer una terrible desgracia hacia ellos. Si lo hace conscientemente, entonces avergüéncese. Las maldiciones no se disipan con el tiempo. Perduran y destruyen a las personas.

Otra diferencia clave entre ambos es que alguien que está hechizado será dolorosamente consciente de que algo entró en su vida y la hizo difícil. Los que fueron maldecidos pueden no ser conscientes de su situación, aunque sufran pérdidas en sus vidas y en su salud mental y/o física. La muerte es posible con una maldición, pero extremadamente improbable con un hechizo.

Debido a estas distinciones, vamos a hablar de ellos por separado.

## Cómo salir de los hechizos

La forma de romper su poder se rige, como siempre, por su intención en el asunto. Cuando esté enfadado con alguien, la ruptura de un hechizo debe dejarse en segundo plano hasta que pueda calmarse y controlar la situación intelectualmente (en lugar de emocionalmente). En otras palabras, no actúe con ira, sino siempre con humildad. Su capacidad para lanzar hechizos sin el calor emocional que se gesta en usted con respecto al asunto define su eficacia.

Entonces, hablemos de algunos hechizos que le ayudan a romper el poder de los hechizos y maldiciones mal intencionados. Además, no se olvide de buscarse a sí mismo, respete a la persona que cree responsable. Esta persona es probablemente alguien:

- Con quien se ha enfrentado, por la razón que sea

- Conocido por usted, ya sea en el mundo presencial o en línea

- Probablemente albergue algún tipo de celos o envidia

- No ha entendido que la ira no es la materia de los hechizos

Pero nunca se sabe. Puede que tenga parte de la culpa. Antes de pensar en romper el hechizo, piense detenidamente en cualquier posible mala acción por su parte. La percepción de una mala acción no es lo que va a examinar de sí mismo. No intente psicoanalizar a su probable hechicero. En su lugar, pregúntese si su trato con esta persona ha sido justo, honesto e irreprochable.

Si su búsqueda revela que puede haberse equivocado, acérquese. Hable con la persona. Discúlpese. Si la persona está decidida a continuar con la agresión, cálmese, desempaque su resentimiento y siga adelante. En otras palabras, si se encuentra (con toda honestidad y humildad) que es inocente de cualquier maldad, proceda con su hechizo.

Estos son algunos de los hechizos que puede utilizar.

**Hechizo de reflexión**

Necesitará:

- Espejo pequeño.

- Sal negra.

- Un cuenco pequeño.

- Un objeto que represente a su hechicero (o su nombre completo escrito en un papel y colocado frente al espejo).

Seamos sinceros, hechizar es malo. Es mezquino en casi todos los casos. Pero el hechizo no es ese tipo de rabia que arruina y (a veces) acaba con las vidas, como las maldiciones. Es la rabieta de un niño pequeño en el centro comercial frente a un ataque armado en el campo de batalla.

Este es uno de mis favoritos. Ya lo he mencionado antes (capítulo cuatro), pero el hechizo de reflejo está hecho a medida para la ruptura de hechizos.

La idea de un espejo utilizado como herramienta es que el mal se refleja en la persona que lo proyecta. Conocer al culpable con certeza hace que este hechizo sea extremadamente efectivo.

Purifique y consagre su espejo de la manera que haya elegido para usarlo de forma constante (con incienso hecho con salvia natural u otra hierba purificadora, como se describe en el capítulo cuatro).

Coloque el espejo en la sal negra. Frente a él, ponga el objeto que representa a su hechicero (o su nombre completo, escrito), una fotografía o un muñeco que lo represente.

El hechizo se reflejará en su hechicero, y probará de su propia medicina; pronto recibirá el mensaje de que no se puede jugar con usted.

### Sigilos

Necesitará:

- Bolígrafo
- Papel
- Imaginación

Y justo cuando pensaba que los sigilos no podían ser más útiles, descubre que pueden utilizarse para romper hechizos.

Un sigilo que se dirija específicamente a la agresión de la parte hechizada contra usted es un eficaz hechizo contemplativo. Piense en el resultado que desea. Quiere que su hechicero se calme. Querrá crear un sigilo que incorpore ese resultado con el mismo método que discutimos en el capítulo cinco.

## Baño de autopurificación

Necesitará:

- Una bañera.
- Aceite de hierbas purificadoras (véase el capítulo cuatro; lo mejor es que lo haya hecho usted mismo)
- Incienso natural (incienso o copal)
- Velas
- Kenny Gee (es una broma)

La idea de bañarse para repeler un maleficio es común a múltiples culturas y costumbres populares en todo el mundo. Esta práctica se encuentra en el neopaganismo, así como en el vudú y sus primos, el candomblé y la santería.

El baño de purificación se aborda como cualquier otra práctica en su kit de herramientas de hechizos de protección, con reverencia y claridad de intención. Se lava el hechizo, que le han lanzado injustamente, físicamente mientras contempla con atención el resultado que desea.

La gama de hierbas y otros materiales naturales utilizados en el baño de purificación varían mucho, pero la sal es común en todas las aplicaciones. Forma parte de cualquier baño de purificación y en abundancia. Recuerde que el agua caliente es necesaria para ayudar a diluir la sal. También se puede utilizar la sal negra sola o mezclada con sal marina.

En algunas culturas, se añaden flores blancas al agua por su asociación con la pureza. Sin embargo, hay que añadir varias gotas de aceite purificador, según su preferencia. El espacio en el que se bañe debe ser tranquilo y oscuro, con velas encendidas para iluminar. Mientras se encuentra en el agua, visualice que el hechizo ha sido vencido y que el hechicero perdió el poder y está decepcionado. El incienso debe llenar el aire del lugar.

No se olvide de enjuagarse bien y de forma contemplativa. Después del baño, puede quemar un sahumerio (o no).

## Salir de las maldiciones

Aunque muchos de los hechizos anteriores pueden realizarse contra maldiciones, romper una maldición es más que romper un hechizo. Aunque suene contradictorio, ¿a quiénes cree que las entidades desagradables son más propensas a abusar que a los ignorantes?

Las maldiciones se basan en la ignorancia, la ignorancia es lo que impulsa un deseo de venganza sin sentido o una rabia ardiente por un desaire percibido. Aunque hay personas con conocimientos que lanzan maldiciones, no significa que esté bien. El tipo de hostilidad que se requiere para desear una desgracia punitiva a los demás no es obra de una mente sana. Por mucho que deseemos contener el mal, podemos errar en nuestras respuestas emocionales contra quien lanzó la maldición. Eso reduce en lugar de aumentar la calidad de su hechizo.

Como dije antes, aparte la hostilidad y céntrese en la humildad. Usted es la parte más importante y va a demostrarlo.

Recuerde: cuando se actúa ritualmente contra una maldición, la malevolencia se lleva a cabo en un trastorno de ignorancia o perturbación mental. No se trata de resentimiento. Se trata de protegerse de un acto intencionado que pretende perjudicarle. La cuestión no es si la voluntad es buena o no. Tiene derecho a protegerse, incluso de aquellos que no están en su sano juicio.

Aunque la cultura popular puede afirmar que romper una maldición es una hazaña épica, yo discrepo. No es tan complejo ni difícil. Sin embargo, implica un proceso, así que vamos a examinarlo.

### Evaluar la maldición

Como ya comentamos en el capítulo dos, tiene que evaluar honestamente lo que cree que es la situación o cómo podría haber surgido. Por ejemplo, ¿vio más de una señal, como hemos comentado? Si no es así, usted no está maldito.

Si ha visto dos o más señales de mala intención, según esas señales, ¿cuáles son sus sospechas y cómo llegó a ellas? Si se trata de una situación concreta con una persona concreta, averigüe lo que pueda.

Intente ver más allá. Lea entre líneas. Lea su página de Facebook. Pregunte por ahí. Cuanto más sepa, más éxito tendrá en romper la maldición.

Observe las señales que ha notado y pregúntese si es el único que experimenta estos desagradables indicios. Hable con sus allegados (sobre todo con los que puedan conocer al presunto lanzador de la maldición). ¿Están en la misma situación que usted?

Una vez más, como ya comentamos en el capítulo dos, compruebe sus sospechas con sus propias acciones para asegurarse de que no es la causa del problema. Pero si parece que está en lo cierto, cuanta más información tenga sobre la maldición específica lanzada, mejor.

## Hechizos para romper maldiciones

A continuación, hay algunos hechizos sencillos para romper una maldición (si está seguro de que está bajo una). Pruebe uno o dos para ver cómo afectan a su situación.

- **Bañarse en agua viva** (río, arroyo, cascada u océano). Mientras se baña, su intención es que la maldición sea lavada por el poder del elemento.

- **Quemar hojas de laurel** (al amanecer y al atardecer). Al igual que con la salvia, el humo debe fluir sobre usted, o puede ahuecar las manos y dirigir el humo sobre su cuerpo. Cuando la hoja se haya quemado y apagado, esparza las cenizas y los restos.

- **Limpieza y purificación de la casa** (vea el capítulo seis). Cuando se rompe una maldición, la limpieza debe abarcar toda la casa o apartamento, incluidas las paredes y las ventanas. Eso incluye el exterior, el porche, las escaleras, el camino de entrada, lo que sea que esté afuera.

Le diré la verdad, puede que nada de lo anterior se aplique a su maldición. Puede que pruebe todo lo que hay en esta lista y aun así se encuentre bajo la influencia de la mala voluntad agresiva.

Si ese es el caso, entonces es el momento de sacar la artillería pesada.

## Hechizo de respuesta agresiva

Necesitará:

- Agua cargada de sol (cargar el agua al mediodía es lo mejor)
- Arcilla que se seque al aire
- Papel y bolígrafo rojo
- Hoja de laurel
- Vela negra
- Recipiente para quemar
- Instrumento afilado para escribir en la arcilla
- Sigilo personal preparado para ser inscrito en la arcilla
- Martillo

Para que sea efectivo, este hechizo debe realizarse de noche. Si se realiza en el momento de la luna nueva o de la luna menguante, se añade poder, así que apunte a eso (si la situación no se ha vuelto tan grave, y puede esperar para abordarla).

Céntrese en su intención y en el resultado deseado y manténgalos durante todo el ritual.

Proceda, como hemos dicho en el capítulo tres, a limpiarse ritualmente a sí mismo y a su zona de creación del círculo. A continuación, mójese con el agua cargada de sol y encienda la vela negra.

Escriba lo que la maldición ha provocado en su vida y en la de los demás, si es que otros se han visto afectados. Incluya todos los detalles. Cuando haya terminado, coja la hoja de laurel y dóblela en el papel. Ahora, quémelo, asegurándose de que cada trozo de la hoja de laurel y de papel se queme.

Observe las cenizas hasta que desaparezca cualquier señal de vida del fuego. Apártelas. Ahora, tome un pequeño trozo de arcilla. Póngale solo una gota del agua cargada de sol y añada las cenizas a la arcilla. Mézclelas bien.

La arcilla debe ser moldeada en una bola y aplanada, forme un disco. Asegúrese de que no sea demasiado fino, ya que va a inscribir algo:

«No sea atado ni marcado. Sea libre».

Sostenga el disco con cuidado, inscriba en el otro lado el sigilo personal que creó específico para la maldición. Ahora, cierre su círculo y apague la vela. Llévese el talismán ritual y déjelo secar. A la mañana siguiente, sáquelo al exterior a primera hora, déjelo cargar al sol hasta el mediodía.

Llevará el talismán consigo. Su función es asumir la energía maligna de la maldición, desviándola de usted y de los demás afectados.

Cuando llegue la próxima luna nueva, salga después de la salida de la luna y rompa el talismán con el martillo. Recuerde, por supuesto, que se trata de un ritual, y que su intención debe estar en consonancia con el resultado deseado y con los pasos dados para acabar con la maldición.

Esparza los fragmentos fuera, cerca de su casa. La maldición se ha roto.

Pero aún no ha terminado. Debe volver a limpiarse a usted mismo y a su casa de cualquier mínimo vestigio de hostilidad, fortifique su espacio con hechizos protectores, como hemos comentado en el capítulo cuatro. Es el momento de recargar objetos como los tarros de protección. Limpie los cristales. Hasta que esté seguro de que están limpios, estos rituales deben realizarse con regularidad.

Y si no puede romper la maldición, recuerde que podría ser un problema que necesita resolver en sí mismo y no un problema externo. Si no es el caso, consulte con alguien que tenga amplia experiencia en romper maldiciones.

Agárrense el sombrero porque apenas estamos comenzando... A continuación, hablaremos de cómo protegerse para desviar los ataques psíquicos.

# Capítulo 8: Desviar los ataques psíquicos

Un ataque psíquico no se trata necesariamente de fantasmas que intentan apoderarse de su cerebro. Se trata más bien de energías y de personas que dirigen esas energías hacia usted. Las razones para hacerlo no son misteriosas: envidia, celos, competitividad, resentimiento y otras, son desafortunados impulsores en muchos casos.

Así pues, empecemos por aclarar cómo pueden sentirse los ataques psíquicos y cómo pueden manifestarse en su vida.

## El qué y el porqué de los ataques psíquicos

Un ataque físico es fácil de definir porque es visible y suele sentirse a nivel físico. Los ataques psíquicos son más confusos y menos fáciles de precisar.

El mal de ojo es un nexo, un punto central, entre el ataque psíquico y el físico porque se puede sentir y ver. Puede detectar el brillo maligno en el ojo de alguien que le desea el mal. Pero un ataque psíquico también puede venir en forma de personas que absorben su energía con negatividad y autocompasión. Aunque no lo hagan «en ese sentido», las energías ambientales captan la negatividad y se unen a ella, dándole vida. Esta es una buena razón para evitar a las personas que le dejan agotado después de haber interactuado con ellas. La persona necesitada que se aferra a usted en busca de atención, apoyo financiero y emocional, y de una escucha constante, le ataca psíquicamente con la misma seguridad que la persona que le mira mal.

El resentimiento, la envidia y los celos se unen a la negatividad como entramados emocionales que es mejor dejar a su suerte. Una vez que haya visto la bandera roja, no la ignore. Es posible que las personas que portan estos marcos emocionales en su confrontación no quieran hacerle daño, pero así es. Su resentimiento, envidia y celos son tan corrosivos como el pozo sin fondo de la necesidad. Todas estas emociones le drenan espiritual, emocional y, finalmente, físicamente.

Un ataque psíquico puede ser involuntario, ciertamente; la persona necesitada, pegada a usted como un mosquito que extrae sangre para alimentarse, no se preocupa por su bienestar. Esa persona necesitada está preocupada por mantenerse a sí misma.

Pero cuando se trata del resentimiento, la envidia y los celos, aquellos cuyos marcos emocionales están orientados a usted de esta manera son fácilmente llevados a pensamientos fugaces de aniquilación. Cuando la gente siente que tiene algo que ellos quieren y merecen más que usted, estos pensamientos pueden surgir. Cuando atrae a la gente con su gracia, belleza, aplomo e intelecto, también está a la vista de los que están en las garras de estas emociones malsanas. Y cuando la emoción en juego son los celos, el precio que paga por la maldición resultante puede ser catastrófico.

Las maldiciones nacen en la mente y se sueltan por la boca. Pero incluso si la boca del atacante no está abierta para dejar que el pensamiento se convierta en palabras, el propio pensamiento, que hierve en la cabeza del atacante, es suficiente.

La energía de las emociones como el resentimiento, la envidia y los celos es ardiente y destructiva. Y no es el fuego purificador del ritual; es el fuego que arde eternamente en las profundidades del Hades. Es un fuego generado por emociones que no han sido templadas por la razón. Son peligrosas, impregnan cada célula del ser del atacante. Las emociones de las que hablamos son épicas y cinematográficas. No son pequeños y dulces contratiempos en la tranquila vida de la persona. Pueden consumir a las personas con pensamientos obsesivos e ideas furiosas dirigidas a los inocentes.

Es mucha energía negativa, y cuando le golpee, lo sentirá.

## Los vampiros energéticos

El vampiro en la cultura popular es un antiguo icono del terror chupasangre. Pero esos vampiros, a diferencia de los que vamos a discutir, se alimentan de sangre.

Los vampiros energéticos se alimentan de la energía. Lo hacen a través de su buena voluntad siempre dispuesto a escuchar, de su compasión inagotable y de sus grandes consejos. Hablan de lo difícil que es todo para ellos y de que siempre son víctimas de las circunstancias, de otras personas, de la vida misma. No tienen ninguna culpa. Siempre es culpa de otro, nunca de los vampiros de energía.

Todos conocemos a alguien así. Lo admitamos o no, algunas de las personas que nos rodean intentan llenar un profundo vacío en sí mismas cuando chupan la energía de los demás. A veces son conscientes de lo que hacen. Sin embargo, en la mayoría de los casos, estas personas son un drenaje inconsciente de su buena voluntad y su paciencia, y en otro plano podrían llamarse narcisistas.

Todo gira en torno a ellos. Puede que tenga un problema que quiera discutir con ellos. Se sienta a tomar un café, y mientras le cuenta su desdicha, su historia se transforma extrañamente en una historia sobre el vampiro y los interminables desafíos del vampiro.

Y el vampiro siempre tiene desafíos y drama. Y pase lo que pase, ese drama presenta al vampiro como la víctima sufrida, aunque a menudo son los héroes de cada historia que le cuentan. Son el héroe cuando intentan impresionarle sobre lo dignos que son, y la víctima cuando necesitan que empape su hombro con sus amargas e interminables lágrimas.

Pero no interrumpa. Es entonces cuando el vampiro energético le hará sentir culpable para que le escuche un par de horas más. Y si se atreve a sugerir que el vampiro podría necesitar una escucha profesional, ¡le dirán que no vuelva a insultarles así! Son solo una persona normal atacada por todos los que se cruzan.

Algunas personas, muchas, tienen un problema para crear límites fuertes. Cuando nos cruzamos con ellas, no es difícil trazar límites si somos conscientes y sabemos cómo trazarlos eficazmente. Pero el verdadero problema surge cuando el vampiro energético en cuestión ha determinado que es su energía la que más le interesa y está decidido a drenarla.

Este es el tipo de persona del que debe tener cuidado. Lo más probable es que haya un fuerte elemento de patología narcisista involucrado, ya que los vampiros energéticos de este tipo tienen una agenda, y es la de alimentarse de su energía.

Este tipo de persona puede ser tratado al poner límites y distanciarse socialmente a cualquier grado que se sienta bien para evitar esa sensación de agotamiento que tiene después de interactuar con ellos. Pero si se enfrenta a un vampiro energético intencionado y con experiencia, es totalmente diferente. Con estas personas, la única manera de lidiar con ellas es cesar todo contacto.

Lo más importante es que no haga, y mucho menos mantenga, contacto visual pues así extraen su energía. Tampoco visualice ni piense en el vampiro energético (a menos que lo haga para desviar un ataque psíquico iniciado por ellos).

Me apasionan este tipo de personas desordenadas porque he tenido encuentros cercanos y personales con varias de ellas. Déjenme contarles una historia. No es bonita, pero al menos tiene un final feliz, que es, un hechizo de protección.

## La llamada de Nosferatu

Nosferatu (la Reina de los Condenados y, por tanto, de todos los vampiros) llegó un día a mi vida de forma imprevista. Visitaba tranquilamente a unas amigas en la cafetería de la esquina. Todas nos reuníamos allí con frecuencia. No había nada que sugiriera que había algo malo.

Pero a medida que pasaba el tiempo, empecé a percibir la energía que rodeaba a esta persona. Por un lado, no me saludaba a mí ni a ninguna de mis amigas. Charlaba animadamente con los hombres presentes. Las mujeres eran ignoradas. Llegaba a dar la espalda cuando entraba una mujer, aunque (con el tiempo) empezó a saludar a todos los que entraban por la puerta como si fuera la dueña del lugar.

Yo miraba y escuchaba. No me comprometí. Pasó más tiempo. Los días que iba a reunirme con mis amigas, notaba un extraño silencio cuando entraba por la puerta principal. Todo el mundo actuaba con normalidad, pero había una pregunta suspendida en el aire, algo así como: «¿Es una de las nuestras?». Cada vez más, la respuesta era «no».

Entonces, un día, después de semanas enteras de presenciar la profunda ignorancia de esta mujer hacia nosotras, entré sola (ante el extraño silencio habitual) y me senté. Nosferatu se acercó a mí, con una taza de café en la mano.

Al sentarse sin siquiera preguntar, Nosferatu se lanzó a una presentación, que recibí con recelo. Devolviéndole la gentileza, pensé que se sentaría y tal vez me conocería, pero no lo hizo. Se levantó y volvió a su asiento. Esa fue la última vez que me habló.

Sí, fue extraño. Pero en los meses siguientes, las cosas se volvieron mucho más extrañas. Los rumores empezaron a circular y, de repente, me encontré en el medio de una «pelea de gatos» en la que ni siquiera sabía que estaba involucrada.

Nosferatu había decidido que yo estaba involucrada.

Al mismo tiempo, empezaron a ocurrir cosas extrañas. Experimenté entumecimiento en las piernas. Un día fue tan grave que tuve que parar, apoyarme en algo y dejar que pasara. Tuve problemas con mi banco. Perdí el trabajo. Perdí amigos.

Nosferatu había hecho lo que le hace a muchas personas: había empezado a drenar mi energía deliberadamente. Se rumoreaba que sentía odio y celos hacia ella. La verdad era que simplemente consideraba extraño el comportamiento de Nosferatu en presencia de otras mujeres. Ni siquiera la conocía, y mucho menos me importaba lo que pensara de mí. No había emociones por mi parte. Pero sí las había por parte de ella. Me pareció que Nosferatu quería ser «la única chica» en la cafetería.

Harta de la misoginia interiorizada de Nosferatu, seguí visitando a mis amigas como siempre. Los ataques también continuaron. Entonces mis amigas empezaron a decirme que habían tenido problemas físicos y que se sentían anormalmente cansadas. Todas habían sido abordadas por Nosferatu, también de forma individual cuando el resto no estaba presente.

Y este es un punto clave: no se permita relacionarse a solas con vampiros energéticos de la variedad Nosferatu. Esté siempre atento cuando estas personas estén presentes y si está solo, manténgase en movimiento. No permita que el vampiro haga contacto visual o se acerque a usted.

Esto es lo que hice con Nosferatu.

## Blindaje psíquico

En mi situación, estaba claro que Nosferatu nos atacaba directamente a mis amigas y a mí por varios medios. Se había acercado a mí, no para conocerme, sino para chuparme la energía, a través del contacto visual. Pero eso no era suficiente; también había intentado difundir la negatividad de boca en boca. Tuve el mal presentimiento de que Nosferatu canalizaba su mala energía de otras formas: mágicas. Así que lo mejor que podía hacer era protegerme de más abusos. Les expliqué a mis amigas lo que pensaba hacer. Me conocen bien y, como yo, trabajan la energía y los hechizos.

Por supuesto, mi solución era el escudo de burbujas, una estrategia que mis amigas coincidían en que era la mejor opción. Todas creamos escudos de burbujas psíquicas, formamos a nuestro alrededor una esfera de protección contra las incursiones vampíricas de Nosferatu.

El escudo de burbujas es un método de blindaje psíquico y está ampliamente considerado como el medio más eficaz para prevenir la actividad vampírica no deseada y la incursión de energías y entidades malsanas.

Si tiene interés en los hechizos de protección. Puede que incluso tenga un interés académico en lo sobrenatural, tiene que saber que ese interés viene con un bagaje. Los que se asoman a los misterios de la magia elemental pueden ver a otros que miran hacia atrás. Estas energías y entidades no son necesariamente malas, pero tampoco son todo sol y unicornios. Su interés, sea cual sea la base, atrae un interés espiritual proporcional de otras partes.

Y así, el escudo de burbujas es un medio de protección psíquica contra los envidiosos, los malintencionados y los de mala voluntad, como Nosferatu. Sospecho que la propia Nosferatu es una interesada, pero que no conoce la columna vertebral de la wicca, «an do ye no harm». Lo más probable es que sea una canalla que se ha desviado mucho del camino o que nunca estuvo en él, para empezar. Elegí el escudo de burbujas para la protección psíquica de ella debido a este factor específico. Ella tiene malas intenciones y demasiada mala energía. Eso es malo para todos, incluida ella. Sin embargo, Nosferatu es básicamente una molestia. Se mete con las mujeres equivocadas, está demasiado arraigada en sus propios demonios para ser realmente efectiva. El escudo de burbujas fue una acción defensiva que le dejó claro que no nos afectarían sus agresiones, grandes o pequeñas, directas e indirectas.

Y se calmaron porque la gente como Nosferatu necesita un público, y nosotras no lo éramos. Éramos demasiado aburridas y ajenas a su enérgica grandeza como para que se molestara. Cuando se siente protegido, se siente seguro y en control.

Aunque no haya ningún Nosferatu en su vida, le conviene protegerse, así que aquí se explica cómo hacerlo.

## Cómo crear un escudo de burbujas psíquicas

De todas las técnicas de blindaje psíquico, esta es la más sencilla. Este hechizo menor es relativamente fácil, pero proporciona lo que necesita: protección. Mucha de esa protección, como sabe, viene de su intención. Pero agregue a eso la confianza que ha invertido y tiene dentro de usted para tomar la situación por los cuernos y ponerla en su lugar.

Es realmente satisfactorio saber que lo ha hecho, además de haber reforzado su autoestima, negándose a ser presa de la autocompasión o la autorecriminación. Al tomar medidas para protegerse de los ataques psíquicos, se convierte en su dueño. Se hace consciente de ellos y aprende, con el tiempo, qué hacer. El escudo de burbujas es un buen comienzo.

¡Cree su círculo y prepárese para construir uno!

Mi método preferido para crear un escudo de burbujas es conectarlo con una intención específica. En mi caso, fue: «¡Aléjate, Nosferatu!».

Para usted, podría ser: «Esta esfera privada está libre de todas las energías negativas y de las incursiones de quienes las emplean». Su intención y deseo son una metodología creativa y personal para crear una esfera burbujeante y hacer que ese escudo de burbujas le proteja psíquicamente de todos y cada uno de los ataques.

Mientras se concentra en la burbuja que se eleva desde la base de su intención, reúna energía. Visualice la burbuja que se forma a su alrededor mientras repita su intención. Continúe este trabajo de concentración para dar vida a un escudo burbuja más duradero y efectivo.

Recuerde visualizar su burbuja para mantener su intención del propósito del escudo en el centro de su trabajo contemplativo, en forma de palabras, imágenes en movimiento, símbolos... lo que sea que evoque la función de la burbuja más plenamente para usted.

Este trabajo puede realizarse fuera del círculo. ¿Quién soy yo para decir que no debería hacerse? Pero le diré que la energía acumulada del círculo contribuye a la energía disponible para crear un escudo de burbuja. Los escudos psíquicos son hechizos, y los hechizos requieren energía e intención enfocada para ser efectivos. Dentro del círculo protector está su poder más profundo. Especialmente cuando es nuevo en la creación de círculos de protección.

Cuando crea un escudo de burbujas para protegerse de los malintencionados, lo que necesita es poder. También necesita confianza, y mientras que el escudo de burbujas es una acción de auto-empoderamiento en la que se defiende, el círculo proporciona una acumulación de poder y significado espiritual.

A medida que avanza en su viaje de hechizos de protección, crecerá en fuerza y confianza, pero encontrará que este simple hechizo de protección le dará la confianza no solo para defenderse, sino para ser formidable y éticamente sólido mientras lo hace.

A continuación, hablaremos de desterrar fuerzas malignas y entidades del mundo invisible.

# Capítulo 9: Desterrar las fuerzas del mal

No todo en el mundo invisible es amistoso. No todos los que no podemos ver son nuestros amigos. Algunas de esas entidades y energías son y pueden ser totalmente nocivas, pues traen consigo el caos y la maldad.

Todos hemos leído historias y visto películas. Hemos visto las representaciones de Hollywood sobre la posesión demoníaca, los ángeles, los demonios, los Illuminati y varios intentos de brujas para penetrar en los misterios elementales.

Pero tenemos que hablar de esta parte del mundo que no se ve, ya que ignorarla puede dar lugar a algunas sorpresas desafortunadas. Y eso no le gusta a nadie.

En este capítulo hablaremos de las fuerzas que nos rodean y que hacen que se nos ericen los pelos de la nuca y los brazos. El viento aúlla un poco más fuerte en su presencia, y la noche adquiere un manto más profundo de oscuridad aterciopelada e impenetrable.

Exploremos el mundo de los demonios, los espíritus malignos y las entidades hostiles y descubramos cómo gestionar su presencia con seguridad.

# Personas no divertidas

A menos que sea Hitler o alguien igual de psicópata, las fuerzas malignas de las que hablamos no son una buena compañía para pasar el rato.

Para empezar, los espíritus malignos y los demonios son esencialmente lo mismo. Aunque creo que el mundo rebosa de complejas demonologías que pueden dar una jerarquía a energías que realmente no necesitan ese tipo de estímulo, los demonios son espíritus malignos y viceversa. No son los queridos difuntos, lo suficientemente agraviados como para andar por ahí. (Ellos no son malvados, sino que están tristes. No están preparados para seguir adelante). Los espíritus malignos/demonios nunca fueron como nosotros ahora. Son seres solo en espíritu.

Como dije arriba, el mundo está lleno de complejas demonologías, relatos de demonios y demonios que alguna vez fueron ángeles. Pero no estamos aquí para hablar de fuentes apócrifas en las religiones del mundo (y encontrará ángeles en demonios en muchas, si no en la mayoría de ellas). Estamos aquí para hablar de espíritus malignos.

Richard Gallagher es un psicólogo estadounidense que trabaja con sacerdotes católico romanos. Gallagher cree en las fuerzas malignas, espíritus malignos o demonios.

Así que, si cree que toda la idea de los espíritus malignos es una sarta de tonterías, el Dr. Gallagher no está de acuerdo; él ha visto algunas cosas. Aunque cree que la posesión demoníaca es rara, también cree que existe porque no podría explicar de otro modo la levitación en medio de un exorcismo del que fue testigo, entre otros muchos fenómenos que no pudieron ser explicados.

Gallagher no es el único. M. Scott Peck es un psiquiatra que se propuso refutar la posesión demoníaca, pero tras largas exploraciones y observaciones, vio con sus propios ojos que no había otra explicación que la posesión demoníaca en ciertos casos que no podían ser explicados por la ciencia. Escribió dos libros sobre el tema.

En una gran variedad de sistemas religiosos organizados y tradicionales, el concepto de demonios se suele yuxtaponer al de ángeles. Este tipo de concepción evolucionó hasta incluir complejas jerarquías de ambos tipos de entidades, pero eso tiene más que ver con la ansiosa necesidad humana de crear categorías y clasificaciones, con etiquetas adjuntas, que proporcionan una sensación superficial de control. Los demonios también aparecen en construcciones espirituales neopaganas y aborígenes, lo que significa que las concepciones religiosas y populares del demonio pueden haber surgido originalmente del miedo humano a la muerte. En algunas culturas, las representaciones de los muertos apuntan a una línea vacilante entre el culto a los antepasados y la demonología.

Los espíritus malignos son entidades sobrenaturales, que nunca se encarnan como nosotros, pero que tienen voluntad y conciencia. Los demonios están a nuestro alrededor, sin poder intervenir, salvo en determinadas circunstancias. Aunque la posesión demoníaca, como ya se ha comentado, es un tema común en la cultura popular, Gallagher y Peck coinciden en que estos sucesos son poco frecuentes.

Las incursiones demoníacas en el mundo físico son incomprendidas y rara vez se habla de ellas. Aunque algunos creen en el poder de los espíritus malignos con la misma fuerza que en los ángeles, saben poco de cómo operan estas entidades. Cuando los intelectuales y las personas de mentalidad aparentemente secular, como los psicólogos y psiquiatras, se encuentran con este mundo oscuro en el curso de su trabajo y hablan de él, deberíamos entenderlo como algo importante. Deberíamos tomarnos en serio la existencia de estos espíritus etéreos.

En la wicca, los espíritus malignos o demonios no se incluyen cuando se busca el consejo y la guía de los espíritus, pero se reconocen como parte del orden natural como «energías negativas». Estas energías, tienen los atributos humanos de la conciencia y la voluntad, pero carecen del resto de las virtudes de la humanidad, como la compasión, la empatía, el amor y la ecuanimidad. Esto ofende a los demonios. También les ofende el hecho de que seamos criaturas con cuerpo, algo que ellos no tienen. Aunque algunos afirman que los demonios son ángeles caídos, pienso que una vez fueron aspirantes a ángeles, a los que se les mostró la puerta antes de acercarse a un par de alas. Son así de mezquinos y celosos.

Por eso a los demonios les gusta saltar a cuerpos humanos. Solo en el cuerpo humano el demonio experimenta la plenitud de la experiencia humana.

Es solo en el cuerpo humano que el demonio puede desplegarse completamente y, si no se controla, destruir ese mismo cuerpo.

¿Pero por qué? Porque es el cuerpo humano y todo lo que contiene (el cerebro, los nervios, los músculos, los huesos y el milagroso instinto informado por la bendita razón) lo que el demonio más desea y envidia por encima de todo. No hay nada más tentador para el espíritu maligno que la destrucción de lo que nunca podrá tener: la humanidad.

## Cómo desterrarlos

Para los tipos de espíritus que hablamos no hay medias tintas. Por eso, invocaremos la intervención de la diosa griega Hécate.

Hécate es la diosa de la noche, del inframundo y de la brujería. Pero eso no es todo; Hécate es una diosa malvada, que gobierna el alma del mundo y es una diosa *soter* (salvadora).

Tiene mucho poder y esa es la razón por la que los practicantes contemporáneos recurren a ella en tiempos de crisis, para una incursión de espíritus o entidades malignas. No se trata de cosas de niños.

Para nuestro propósito, debe saber que Hécate es también la diosa de las transiciones, lo que significa que está allí en el límite entre la vida y la muerte, el mundo que conocemos y el de los espíritus, los que no se ven. Estas entidades pasan de un lado a otro de los mundos, por lo que cuando Hécate se da cuenta de la existencia de alborotadores, está en posición de ayudar.

Hécate también es conocida como una «diosa triple», con la capacidad de ver el pasado, el futuro y el presente simultáneamente. Así que no teman, queridos: Hécate les cubre la espalda, y además es una diosa con una visión de 360 grados.

Debido a su condición de diosa de las transiciones, tiene un parentesco especial con los perros. Este parentesco está relacionado con el papel de Cerbero, que guarda la entrada al inframundo en la mitología griega. Hécate también está asociada al ajo.

La mayoría de nosotros sabemos que el ajo se utiliza casi universalmente como talismán contra el mal y las fuerzas que lo traen al mundo. Solemos asociar este uso como el empleado para repeler a los vampiros. Pero Hécate también es una gran amiga de los poderes del ajo.

### Invocar a Hécate

Necesitará:

- Tres agujas de coser
- 1 cabeza de ajo
- Una encrucijada en forma de «Y» (sí, va a realizar su ritual allí, así que asegúrese de que esté tranquilo y de que no le molesten)
- Luna nueva, es el mejor momento para invocar a Hécate, de noche

Sus intenciones deben ser puras. No invoque a Hécate para ajustar cuentas o con malas intenciones. Límpiese con sal o purifíquese con incienso o salvia, mientras contempla lo que va a hacer y a quién va a invocar.

Haga su círculo (esto no es negociable en este caso. Lo considero una necesidad para todos los hechizos, especialmente para los novatos, pero cuando va a invocar a Hécate, el círculo es necesario).

Una vez que el círculo esté listo y su poder esté concentrado en él, bendiga sus agujas con incienso o por el método que prefiera. Dedique una a Hécate.

Puede decir algo como: «Gran y buena diosa, Hécate, te necesito. Sostenme en tu abrazo eterno mientras me ayudas a alejar las fuerzas malignas que se alinean contra mí a través de _____». (Si conoce el nombre de alguien que hace esto, dígalo; si no, deténgase en «contra mí»).

Ahora, perfore la cabeza de ajo con la aguja que ha dedicado a Hécate. Mientras perfora el ajo con la segunda aguja, puede repetir lo mismo o permitir que sus propias palabras surjan dentro de usted. Repita este proceso con la tercera aguja. Las agujas deben estar dispuestas alrededor del borde superior del ajo mientras este se encuentra en el altar frente a usted.

Diga: «Gran y buena diosa Hécate, ofrezco este ajo como talismán de curación y protección. Es mi tributo a ti por tu divina asistencia, guía y amoroso cuidado hacia mí».

Después de su alabanza formal a la diosa por su ayuda, el hechizo está lanzado. Las agujas deben ser retiradas del ajo y desechadas con cuidado, ya que ahora están impregnadas con el mal que le ha atormentado. El ajo debe ser quemado completamente.

El mal está a nuestro alrededor, interrumpe en nuestro mundo a través del odio, los celos y la envidia. Se encuentra en las personas y opera a través del uso malévolo que los espíritus hacen de ellas. Cuando estas fuerzas se hagan evidentes para usted (ver capítulo dos), invoque la antigua y divina intervención de Hécate.

## Para eliminar y prevenir las energías negativas residuales

La energía residual es como una resaca de negatividad. A veces se aferra a usted y a su casa, o a ambas. Pero es bastante sencillo mantener esa energía a raya con algo de ayuda de su arsenal de herramientas.

Una de ellas es el aceite de cedro. Este aceite es un poderoso limpiador, y puede colocar una gota en la esquina de cada habitación mientras pide que se limpie la energía residual de las fuerzas malignas que ha desterrado. Una gota en el agua del baño es otra medida que puede tomar, con la misma petición.

También es necesario añadir sal a su baño de limpieza de energía negativa. El baño de sal puede hacerse con regularidad para asegurarse de que su energía personal se mantiene equilibrada y sin estropearse (vea el capítulo doce).

Nunca descarte que su propia energía sea la causante de la negatividad. Nadie tiene la culpa de ello, por lo que no es motivo para torturarse. Pero sea consciente y asegúrese de que su energía es saludable. El mundo humano responde como el mundo espiritual a la energía negativa. Esas respuestas son diferentes, por supuesto. A los humanos no les gusta mucho: los espíritus malignos se alimentan de ella. Dicho esto, la energía positiva puede ser igual de atractiva para estos espíritus trastornados si fueron invocados para atacarle. Las personas trastornadas suelen tener una respuesta similar a la energía positiva. La detestan porque no la tienen. Es extraño que estas personas y los espíritus tengan un temperamento tan similar. Pero entonces, todo está conectado y «lo que es arriba, es abajo» (o donde sea que esté el mundo de los espíritus).

Procure siempre mantener una energía que sea toda suya y templada por la comprensión de los que no vemos. Los baños regulares de sal pueden ser enormemente útiles en este sentido. Mantener su energía enraizada y centrada en su práctica y en la contemplación de la misma es un proyecto de autocuidado psicológico, y todos necesitamos algo de eso en nuestras vidas.

Por supuesto, un sahumerio de salvia para usted y su casa nunca es una mala idea, especialmente cuando ha desterrado recientemente a invitados desagradables e inoportunos. La salvia es el limpiador energético favorito de todos. Hay una razón por la que se considera sagrada en muchas culturas diferentes.

Al igual que las fuerzas del mal, los chismes y las calumnias nacen en las intenciones de los seres humanos. Pero eso puede ser callado. En nuestro próximo capítulo, descubriremos cómo.

# Capítulo 10: Cómo detener los chismes y las calumnias

A la gente le encanta el chisme. A veces, es casi como si no pudieran evitarlo. Son esclavos de ocuparse de los asuntos de los demás y de juzgarlos con dureza.

Todo el mundo dice que odia los chismes. Todo el mundo dice no participar en ellos. Pero todo el que lea este libro sabe que estas afirmaciones son a menudo deshonestas. La mayoría de nosotros lo hace, desde los sacerdotes hasta las personas mayores que pasean sus Yorkshire Terriers y los que juegan al ajedrez en el parque. Pero cuando los chismes se convierten en calumnias (chismes maliciosos y malintencionados perpetrados para destruir la reputación de otra persona), no se está tan lejos de los espíritus malignos de los que hablábamos en el último capítulo.

Y ese tipo de maldad no debe ser tolerada, especialmente cuando tiene herramientas a su disposición para lidiar con ella.

Así que, para empezar, averigüemos por qué la gente chismea. ¿Cuál es su problema?

# ¿Por qué la gente chismea y calumnia?

Como he dicho antes, todos lo hacemos en cierta medida. Algunas personas lo hacen como una forma de vida. Es su entretenimiento, su comodidad, su conexión con otras personas. Probablemente sea un deporte internacional, de alguna manera retorcida.

El chisme es suficientemente malo, incluso cuando es ligeramente ofensivo. Pero la calumnia es otra cosa. Por ejemplo, «¡Oh, parece que (inserte el nombre) ha recuperado todo el peso que perdió!» o «Dios mío, ¿has oído que va a dejar a su marido por otro hombre?». El peso de otras personas, otros aspectos de su apariencia, la situación financiera y la vida sexual son los temas de conversación habituales.

Pero se vuelven maliciosos cuando la gente dice cosas como: «Esa persona es realmente deshonesta», «Esa persona es un conocido mujeriego», o «Mire a ese tipo: no le dé ánimos. Le va a fastidiar todo». Puede haber algo de verdad, pero está claro que la intención detrás de esas palabras es desacreditar socialmente a la persona en cuestión y en la medida de lo posible en un ámbito más amplio.

Y eso es calumniar. Cuando decimos cosas que no estamos seguros de que sean ciertas, pero que han pasado por las viscosas entrañas del molino de chismes, incurrimos en la calumnia. La calumnia puede arruinar vidas y reputaciones. Puede destrozar relaciones (lo que a menudo es el objetivo).

La gente, a pesar de todos los acontecimientos emocionantes que ocurren en nuestro mundo moderno, se aburre. Sienten que no forman parte del gran espectáculo de la vida. Por esta razón y por razones de envidia, celos y simplemente mal humor, los chismosos y calumniadores de este mundo se dedican a crear nubes de animadversión que a menudo no se basan en nada y que tienen el poder de destruir vidas.

Pero, ¿por qué la gente chismea sobre usted, y le calumnia? ¿Qué ha hecho para merecerlo?

Las personas atacadas suelen ser:

- Muy queridas
- Amables
- Decentes
- Felices
- Atractivas
- Razonablemente acomodadas (y aunque no lo sean, se cree que lo son porque no están obsesionadas con las cosas materiales)

En otras palabras, casi siempre son los intachables y decentes los que caen ante las ácidas lenguas del chisme y la calumnia. Una persona que es feliz, se ocupa de sus asuntos y hace lo suyo, dispara la envidia junto con su amigo de los ojos verdes, en la gente. Y es que la mayoría de las personas no son bien vistas, amables, decentes, felices, atractivas y contentas con su situación económica. Miran al objeto de su charla con ojos ictéricos, sospechan que este molesto espécimen entero y bien debe tener oscuros secretos.

Se preguntan: «¿Por qué yo no tengo eso? ¿Por qué no soy como esa persona? ¿Por qué esa persona lo tiene todo? Ese debería ser yo».

Es injusto, ¿no? Se ocupa de sus asuntos, y BAM, algunas de esas habladurías (lamentablemente) empiezan a atacarle. Le sorprenden y le atacan por detrás. No ha sido más que agradable. De hecho, ni siquiera le preocupaban los chismes y las calumnias porque pensaba que no daba a la gente ninguna razón para apuñalarle por la espalda de esa manera.

Piénselo de nuevo.

Cuantos más atributos agradables y deseables reivindique, más probable es que encuentre su nombre en la boca de la gente que lo envidia.

Así que vamos a hablar de lo que podemos hacer cuando esas personas odiosas con lengua venenosa dicen cosas que no pueden retirar.

# Abofetear a los odiosos

Como he dicho a lo largo de este libro, lanzar hechizos no es una herramienta que se utilice para vengarse. Está ahí para ayudarle y evitar que la energía negativa, las entidades y las personas se metan con usted. Recuerde siempre la columna vertebral de la wicca, y de cualquier sistema de pensamiento, acción y creencia que se precie: «no haga daño». Este es el principio rector de todo lo que hacemos cuando llamamos a los elementos para la protección, el bienestar y la tranquilidad en nuestras vidas.

No puede impedir que la gente odie a otros. Puede evitar que dirijan su odio hacia usted en forma de chismes y calumnias. Los siguientes hechizos son todos los hechizos de protección que necesitará para abatirlos.

**Hechizo de la vela**

Necesitará:

- Cinco velas blancas
- Aceite de oliva extra virgen
- Un instrumento afilado para tallar

Esto es lo que tiene que hacer:

1. Colocar los elementos en el altar y hacer su círculo.

2. En una de estas velas, tallar su nombre mientras centra su intención en la protección contra los chismes maliciosos o las calumnias que circulan.

3. Ahora, ungir las cinco velas con aceite de oliva.

4. Colocar la vela con su nombre tallado en el centro del altar.

5. Alrededor de esa vela central, colocar las otras cuatro velas en los puntos cardinales: norte, sur, este y oeste. Mientras lo hace, reconoce las cuatro direcciones y los elementos que representan (vea el capítulo tres).

6. Encender la vela central, decir algo como: «Esta vela me representa a mí, objeto de la charla maliciosa de (inserte el nombre del chismoso), cuyo corazón está lleno de mentiras y calumnias. Las intenciones de (chismoso) son malévolas cuando yo no he hecho nada malo. Me mantengo en la honestidad y la pureza, pido que esta charla maliciosa cese».

7. Ahora, encender la vela hacia el oeste y decir algo como: «Camino en la verdad. La mentira no puede pegarse a mí».

8. Encender la vela hacia el norte y decir algo como: «La verdad es mi guía».

9. Encender la vela hacia el este, decir: «Con la verdad como guía, mis enemigos no pueden acercarse».

10. Encender la última vela hacia el sur, decir: «Me apoyo en la verdad y la pureza».

11. Mientras las velas arden, contemplar la verdad y la pureza como sus amigas, que le envuelven con lo mejor de ellas para protegerle del daño. Medite sobre esta imagen y visualice al chismoso como si estuviera fuera del abrazo protector de la verdad y la pureza durante no menos de 10 minutos.

Cuando esté satisfecho de haber pasado suficiente tiempo en contemplación mientras honra el hechizo, apague las velas (en lugar de soplarlas). Este ritual puede realizarse cada tres días hasta que sienta que la persona ha sido abatida.

**Solución dulce**

Necesitará:

- Un papel y un bolígrafo
- Un vaso
- Una pequeña cantidad de agua (separada del vaso)
- Azúcar de caña puro

Esto es lo que hay que hacer:

1. Colocar los objetos en su altar y hacer el círculo.

2. Llenar el vaso con una taza de agua, añadir una cucharada de azúcar de caña, y remover suavemente mientras se concentra en la dulzura de la verdad.

3. Ahora, escribir el nombre del chismoso con el bolígrafo en el pedazo de papel con la intención en mente de que su lengua se aquiete. Colóquelo en el vaso de agua azucarada. Colocar el vaso en el alféizar de una ventana soleada de su casa y déjelo allí, sin que lo molesten, durante una semana. Mientras lo hace, contemple la dulzura del azúcar y la luz reveladora del sol.

Los rayos purificadores del sol y la dulzura del azúcar trabajarán juntos para purificar la influencia negativa de los chismes. Y es posible que la gente empiece a ver que el chismoso es un mentiroso. Nada puede esconderse del sol.

### Hechizo de congelación

Necesitará:

- Una bolsa para congelar
- Una hoja de papel y un bolígrafo negro
- Una pequeña cantidad de agua

Esto es lo que hay que hacer:

1. Colocar estos elementos en su altar y crear el círculo.

2. Escribir el nombre de la persona en la hoja de papel con el bolígrafo negro, concéntrese en la intención de que esta persona se quede congelada en su lugar, sin calumniarle más.

3. Llene la bolsa hasta la mitad con agua.

4. Métala en el congelador y déjela allí mientras contempla la boca de la persona «congelada».

Como siempre, cada acción que realice debe ir acompañada de una poderosa intención. Puede visualizar que la boca del chismoso no puede abrirse hasta que deje de calumniarle.

## Hechizo para cambiar el juego

Necesitará:

- Una vela de color índigo (el color está dirigido a absorber la charla maliciosa)
- Un utensilio afilado para tallar
- Aceite de oliva extra virgen
- Hierbas protectoras (vea el capítulo cuatro)

A continuación, se explica cómo realizar el hechizo:

1. Colocar todas estas herramientas en su altar y crear el círculo. (Nota: Como la vela debe arder hasta el fondo para este hechizo, planifique su tiempo. Puede contemplar, meditar o incluso leer literatura relacionada con los hechizos que realiza en el círculo).

2. Con la intención enfocada, grabe las palabras «odiosos parlanchines» en la vela.

3. A continuación, unja la vela con aceite de oliva y hierbas protectoras.

Encienda la vela mientras pide a los espíritus que le rodeen de protección y buena voluntad. Permanezca en el círculo hasta que la vela se haya consumido, ya que cada momento que está en el círculo y contempla su trabajo, recoge poder. Esto dotará a su hechizo de mayor poder.

## Saque mi nombre de su boca

Esto es lo que necesitará:

- Un trozo de papel higiénico
- Un rotulador negro
- Un par de tijeras

Aquí no le voy a decir que haga un círculo, a menos que le guste hacer uno en el baño. Porque, ¡necesitará un inodoro! Sí. Un inodoro.

En lugar de eso, un acto de auto bendición será suficiente. Estructúrelo de esta manera:

1. Imagine que la luz plateada le inunda.

2. Ahora imagine que la luz dorada le inunda mientras respira profundamente tres veces.

3. A continuación, imagine que la luz blanca llena cada una de sus células con su presencia cegadora. Estas tres luces unen la luna, el sol y la fuerza de todo el amor que compone el universo.

4. Ahora, bendígase a sí mismo. Bendiga sus pies que le llevan a un viaje sagrado. Bendiga sus rodillas que se arrodillan ante el altar. Bendiga su corazón que late en la belleza del amor. Bendiga sus labios que se asocian con los cinco elementos.

5. Después de su auto bendición, extienda sus brazos hacia el amor y la protección del universo, atráigalo hacia usted como señal de que ha aceptado estos regalos sagrados. Entonces diga:

«Por mi voluntad, que así sea». Ahora, ¡continúe!

Este sencillo hechizo es para cualquiera que no pueda soportar ni un minuto más de rumores y chismes. Y aunque le hará reír, también tendrá el efecto de hacer girar la cabeza del chismoso. Es más, no hay nada más purificador que la risa, y reírse alegremente mientras realiza este hechizo lo hace aún más poderoso.

6. Dibuje unos labios en el centro de su trozo de papel higiénico. Mientras lo hace, su intención es hacia el chismoso, y puede decir: «¡Saca mi nombre de tu boca y mantenlo fuera!».

7. A continuación, escriba su nombre. Luego, escriba el nombre del chismoso.

8. Escriba las afirmaciones que hace el chismoso alrededor de los bordes del papel mientras está de pie frente al inodoro. Contemple los problemas que estas afirmaciones representan para usted.

9. Ahora, recorte su nombre en el papel higiénico con las tijeras.

10. Tire el resto del trozo de papel higiénico al inodoro.

11. Mientras tira el papel higiénico inscrito, diga el nombre del chismoso y vuelva a decirle que saque su nombre de la boca y lo mantenga fuera. A continuación, afirme en voz alta: «¡Tu nombre está desterrado! El mío está impoluto».

12. Sonría mientras tira alegremente el nombre de quien le odia por el retrete.

### Hechizo gaélico antichismes

Necesitará:

- Clavo de olor en polvo
- Un trozo de papel blanco y un bolígrafo rojo
- Una vela roja

Haga el hechizo así:

1. Colocar todos estos elementos en su altar y crear el círculo.

2. Escribir el nombre del chismoso al revés con el bolígrafo rojo. A continuación, puede escribir una advertencia contra los ataques hacia usted, como, por ejemplo: «¡Los chismes cesarán ahora!».

3. A las 7 de la mañana y a las 7 de la tarde de cada día, hará su círculo y encenderá la vela roja. Realizará este ritual durante siete días. Mientras enciende la vela, espolvoree un poco de clavo de olor en polvo en la llama de la vela, al mismo tiempo que concentra su intención en el cese de los chismes por parte de la persona responsable. Cada vez que finalice el ritual, apague la vela.

4. El séptimo día después de encender la vela de las 7 de la tarde (que es el último encendido de la vela para este ritual), coloque el resto de su clavo de olor en polvo en el trozo de papel en el que escribió el nombre del chismoso al revés. Queme el papel y el clavo juntos.

Los chismes y las calumnias forman parte de la condición humana. Todos participamos a nuestra manera, pero la mayoría de nosotros no deseamos el mal a los demás cuando lo hacemos. Solo compartimos información sobre otras personas sin mala intención. Los humanos somos criaturas curiosas. Queremos saber qué hace la gente, si es feliz o si necesita una ayuda que nosotros podamos darle. Somos criaturas sociales, por lo que compartir información sobre los amigos que tenemos en común con los demás forma parte de cómo vivimos ese impulso social. Nuestro conocimiento de las personas con las que pasamos tiempo nos une a ellas y aumenta nuestra intimidad con ellas.

Pero eso es diferente de los chismes y las calumnias. Estas formas de hablar de los demás no pretenden unir, sino desgarrar, difamar y poner en duda.

Recuerden, amigos, que cuando la gente habla de ustedes, suele ser porque son interesantes o destacan de alguna manera. Estén orgullosos de lo que son, pero nunca sean arrogantes. Todos somos débiles seres humanos, el camino es mucho más agradable cuando caminamos con buena voluntad y no con la nube tóxica de los chismes y las calumnias.

Sea consciente, siempre, de las energías de los que le rodean. Probablemente piense mucho más en ello desde que comenzó a leer este libro, ¿no es así? Eso es bueno. Porque la conciencia energética es el principio para aprender a protegerse. Leer las energías que le rodean es como tener un sistema de alerta temprana de posibles problemas con personas insignificantes.

Nunca ignore una bandera roja. Nunca de a la gente el beneficio de la duda, pero ponga a prueba esas percepciones con sus observaciones. Sea sincero. Permanezca en la pureza y, al mismo tiempo que se protege a sí mismo y a los demás, niéguese a dejarse llevar por las palabras caprichosas de los indignos.

A continuación, hablaremos de la protección de las personas que ama con hechizos de protección y de cómo prepararse a usted mismo y a esas personas queridas para el trabajo.

# Capítulo 11: Proteger a sus seres queridos

Todos deseamos profundamente que nuestros seres queridos se mantengan a salvo de todo daño. A veces, no podemos hacer nada para ayudar, o al menos eso parece.

Ser proactivo para mantener a los que nos rodean a salvo es siempre una buena política, que es donde entran los hechizos de protección para salvar a sus seres queridos de cualquier daño.

Dicho esto, hay algunos puntos importantes que debe conocer, recordar y tener en cuenta antes de lanzarse al proyecto.

## No sea un entrometido

Ya hemos hablado de la obsesión y el agotamiento en este libro. Esa es una parte importante del problema. Su obsesión con su nuevo enfoque en la vida probablemente será tan emocionante para usted que querrá compartirlo con todos sus conocidos.

Tanto si les interesa como si no.

Y este es un punto muy importante sobre el que hay que reflexionar. Algunos no serán ni remotamente receptivos a la idea de los hechizos. Algunos serán ignorantes y tendrán en su mente fantasías populares que no vienen al caso. El mensaje es claro: hay que saber cuándo se es pesado.

Además, nunca haga un hechizo en nombre de alguien que no sabe lo que usted hace. Es posible que el ser querido al que intenta proteger no desee o no quiera su intervención. Puede tener ciertas convicciones que impidan cualquier intervención mágica por su parte, incluso si esa intervención es tan benigna como todo lo que se ofrece en este libro.

El impulso de ayudar a los demás puede, a veces, abrumar nuestra comprensión del lugar que ocupamos en la vida de las personas. Por ejemplo, puede que no le guste el nuevo novio o novia de un amigo. Puede que haya detectado energías desagradables que emanan de esta persona. Aunque es tentador simplemente soltarlo y ofrecerle protección a su amigo, es mucho más efectivo reconocer las energías, observar el comportamiento y encontrar una apertura. Aunque es difícil esperar, tendrá más información y un punto de apoyo.

No se apresure a entrar donde los ángeles temen pisar.

Además, siempre es bueno conocer un poco la historia de la persona en cuyo nombre se hace el hechizo. Una vez que tenga su permiso, tantee el terreno para ver si puede detectar algún tipo de rencor en su pasado. ¿Alguien le guarda rencor? ¿Su ser querido es consciente de alguna maldición que pueda necesitar ser eliminada (ya que esta puede interponerse en cualquier protección que realice en su nombre, especialmente si la maldición es generacional)?

Recuerde que la conciencia y la apertura son definitivamente necesarias en cualquier hechizo de protección que vaya a ofrecer a sus seres queridos.

### Preparar

Una vez que tenga el permiso de un ser querido para hacer un hechizo de protección y haya hablado con ellos sobre los posibles obstáculos como maldiciones y demás, puede comenzar los preparativos para el lanzamiento.

Debido a que el hechizo de protección que va a lanzar está destinado a proteger a alguien más, debe pensar en lo que hace y elaborar un plan. Este plan es espiritual y le protegerá tanto a usted como a la persona destinada.

Aquí hay una plantilla para proceder:

- Formular el objetivo de su hechizo de protección en un pensamiento guía. Por ejemplo: Voy a proteger a mis seres queridos de las energías negativas al lanzar un velo protector alrededor de ellos.

- Considerar como su hechizo de protección impactará a otros. Piense en el efecto mariposa o en la onda expansiva.

- Asegurarse de tener el tipo de apoyo y refuerzo positivo adecuado a su alrededor.

- Estar convencido en su acción y lo positivo de su energía. Ser quien dice ser.

Este sencillo marco le mantiene centrado en el trabajo que tiene entre manos y en la razón por la que lo va a hacer. Evite que la confusión espiritual y la negatividad impacten en sus energías personales al ser claro e intencional sobre el hechizo de protección que va a lanzar. También, necesita el apoyo de otros tanto como necesita el círculo de protección. Sus intenciones positivas y amorosas hacia usted son fortificantes y enriquecedoras.

Una vez que está preparado, se siente confiado y poderoso. Hizo la preparación necesaria, modelo la paciencia que necesita para ser un aliado eficaz de sus seres queridos, como alguien que busca activamente su bienestar. Su intención ya es amorosamente noble. Cuando añade confianza y poder a la intención amorosa y noble, tiene la fuerza de la naturaleza.

Estar preparado significa ser consciente de que al elegir lanzar un hechizo en nombre de sus seres queridos, declara su derecho a existir en paz. Es su vida, y la controlará. No todo el mundo lo aceptará, pero esas personas no importan, así que no les haga caso.

Entre en todos los hechizos de protección (particularmente en este, ya que hay responsabilidad personal involucrada), resuelva y tenga la intención de pensar con claridad, actuar con justicia, y lanzar con humildad. Y recuerde que una vez que el hechizo es lanzado, ¡debe olvidarlo! Deje que haga su trabajo sin obsesionarse con él. No se olvide de explicar esto a la persona o personas queridas para las que hace el hechizo.

### Invocar al Dios Jano

Necesitará:

- Una barra de mantequilla
- Café (aproximadamente ½ taza)
- Los nombres de los que va a proteger (alternativamente, las energías o instituciones que lo amenazan) escritos con bolígrafo negro
- Un filtro de café
- Un cuenco

Para este hechizo, como el hechizo del inodoro, renunciaremos al círculo de lanzamiento y usaremos la auto bendición descrita en el capítulo diez: Saca mi nombre de tu boca.

Usará la encimera de la cocina como parte del hechizo de protección.

Jano es el dios romano con dos caras que miran en direcciones opuestas. Para los romanos, Jano era el dios de todos los nuevos comienzos. Allí donde algo está a punto de nacer o se inicia, está el dios de las dos caras.

Esto es lo que vamos a hacer:

- Colocar el filtro de café en el cuenco. Antes de hacerlo, habrá escrito la runa o el símbolo de Jano en el filtro. También puede escribir simplemente el nombre del dios.
- Ahora, añadir la mantequilla, calentarla junto con el filtro.

- A continuación, colocar el papel con el nombre de la persona, personas, institución o energías de las que intenta proteger a su ser querido.

- Solicitar respetuosa y humildemente la ayuda de Jano para eliminar el interés de la parte o partes implicadas, y así neutralizar su influencia en la vida de su ser querido mediante la intervención de Dios.

Cuando haya completado el hechizo y haya dado las gracias por haber recibido la ayuda de Jano, asegúrese de que el contenido del cuenco sea eliminado correctamente. Envuelva bien los ingredientes del hechizo y deshágase de ellos lejos de su casa, queme el paquete si es posible.

Este hechizo es excesivamente simple y grandioso para los principiantes, con la energía e intención correctas. También es un hechizo de protección extraordinariamente potente y efectivo. Puede ser adaptado para protegerse a sí mismo, a un individuo o a un grupo de personas. La misión de Jano es el éxito de los nuevos comienzos, así que invocar la asistencia de este dios es una de las mejores decisiones de lanzamiento que puede hacer, especialmente para aquellos que busca proteger.

### Para proteger a sus mascotas

Las mascotas aportan otra dimensión de amor y presencia a nuestras vidas. Creo que los animales son criaturas perfectas. Solo traman y elaboran estrategias para cazar. A pesar de nuestra tendencia al antropomorfismo, los animales no engañan. Son simple y pacíficamente lo que son. Y aunque los animales tienen un cierto tipo de sensibilidad, no tienen el concepto de la muerte, la fuente de tantas neurosis humanas.

En resumen, los animales son lo mejor y merecen todo el amor, la atención y la protección que podamos darles.

Así que, ¡hagamos un hechizo para nuestros pequeños amigos peludos!

Necesitará:

- Una vela marrón
- Un vaso de agua
- Una foto de su mascota. También puede escribir su nombre
- Una imagen o estampa de San Francisco, Patrón de los Animales (o, si lo prefiere, de su héroe local de rescate de animales)
- Unas tijeras

A continuación, le explicamos cómo hacerlo:

1. Colocar los artículos requeridos en su altar, excepto la foto o el nombre escrito de su mascota y la estampa o imagen de su héroe de rescate animal. Déjelos cerca.

2. Crear el círculo.

3. Colocar la foto de su mascota (o su nombre, escrito) en el altar, entre el agua y la vela.

4. Ahora, coger la imagen de la estampa de San Francisco (o su alternativa) y decir algo parecido a:

«Vengo a pedir protección para mi querido (nombre de la mascota). Es el amigo con el que comparto mis días. Amo a (nombre de la mascota) y me comprometo a cuidarlo como el universo nos cuida a todos. Ruego que si (nombre de la mascota) se pierde, que regrese a mí; que si (nombre de la mascota) se hiere o enferma, que se cure».

5. Ahora, rociar un poco de agua sobre la foto de su mascota o su nombre.

6. Dar gracias a San Francisco (o a su alternativa) por su intervención.

7. Dejar que la vela arda y luego apagarla.

8. La punta de la vela debe cortarse con unas tijeras. Ahora puede concluir su círculo, pero el hechizo aún no está completo.

9. La punta de la vela debe ser enterrada con la foto en algún lugar de su propiedad. Si no tiene una propiedad al aire libre, entiérrela en una maceta (verticalmente está bien).

10. No se olvide de eliminar el agua de la forma que elija.

La mayoría de la gente pone cascabeles a sus gatos para evitar que maten a los pájaros y otros pequeños animales salvajes, con la esperanza de asustar a la presa. Pero poner un cascabel al collar de cualquier mascota (gato, perro, cobaya, hurón) tiene el efecto no solo de mantener a los pájaros y a los pequeños animales fuera de peligro, sino también a la negatividad. Esta es otra buena forma de proteger a su mascota (y a todas las pequeñas criaturas del bosque, de paso).

Mantenga la negatividad en el hogar al mínimo, ya que los animales la captan al instante y la absorben. También pueden percibir la energía negativa, por lo que actúan como precursores de lo indeseable.

En nuestro próximo y último capítulo, vamos a hablar de algunos rituales de protección practicados regularmente y relacionados con la luna. La luna y su influencia es un tema que ha llenado miles de libros, este capítulo servirá de breve introducción.

# Capítulo 12: Protección diaria y mensual

Sería negligente si le dejara sin una breve discusión sobre la luna. Es importante entender cómo nos afecta la luna, cómo guía el tiempo y cómo es mucho más que una simple luz en lo alto del cielo. Los días se dividen entre sí por la luna, y el mes representa un ciclo completo de la luna.

La luna tiene una poderosa influencia en toda la vida. El cuerpo humano está hecho principalmente de agua, como todos los seres vivos, la vida humana responde tan poderosamente a los ciclos de la luna como el resto de la vida.

Pero muchos de nosotros somos casi completamente inconscientes de la influencia de la luna en nuestro entorno psicológico y comportamientos. Por supuesto, la palabra «locura» se deriva de la palabra latina «Luna».

Pero la luna influye en todas las formas de vida, y eso tiene un impacto ambiental. Al igual que las estaciones del sol, las encarnaciones cíclicas de la luna controlan las mareas, y las mareas definen los límites de nuestra existencia física. Al igual que los océanos se mueven con el ciclo lunar, también lo hacen los cuerpos humanos y la psicología humana, por supuesto, los sigue.

El cuerpo humano acuático se mueve con los ciclos lunares hasta tal punto que las tres religiones monoteístas del Gran Oriente Próximo siguen la luna para determinar la llegada de festivales como la Pascua, el Pésaj (la Pascua judía) y el Ramadán. La influencia de la luna afecta incluso a la organización del tiempo humano, contado en meses según los comportamientos de nuestro pálido cómplice en el cielo.

Y como hablamos de hechizos de protección, tenemos que hablar un poco de cómo la luna afecta a los lanzamientos. Y sí, por supuesto, lo hace.

## Las fases de la Luna

Cada mes, la luna pasa por ocho fases distintas. Mientras lee, imagine las fases lunares descritas dispuestas en un círculo, empiece por la parte superior y muévase en el sentido de las agujas del reloj.

- Primer cuarto
- Creciente
- Luna nueva
- Cuarto creciente
- Último cuarto
- Cuarto menguante
- Luna llena

Las fases más cruciales para nuestros propósitos son, concretamente:

- Luna nueva
- Luna llena
- Luna creciente
- Luna menguante

En cuanto a los hechizos, la luna nueva es elegida por los practicantes siempre que es necesario un nuevo comienzo. La luna llena es un momento óptimo para construir poder. Al inicio del ciclo es un momento modesto para construir. La luna creciente es un momento ambicioso de construcción, y la luna menguante es el momento de revisar los planes que no han funcionado o han cambiado.

Sé que todas estas descripciones son muy generales, pero su base de conocimientos solo comienza con este libro. Su curiosidad e interés crecerán a partir de aquí. Entender lo que las fases de la luna invitan a hacer a los practicantes en determinados momentos es otra herramienta de su arsenal. Su reverencia y atención son apreciadas porque la luna define de forma tan potente la íntima conexión de la humanidad con el mundo natural.

La luna tiene muchos regalos para usted. Su regalo para la luna es apreciar su glorioso papel en esta vida humana. Comprender su beneficio y sus intenciones es su interacción intencional con la luna y otra forma de traer paz al universo.

# Protección programada regularmente

Ha aprendido tanto sobre sí mismo, muy probablemente, como sobre la magia protectora. A medida que crezca el conocimiento sobre cómo funcionan los hechizos de protección y cómo se relaciona con ellos, tendrá mucha más libertad para desarrollar sus propios rituales, con la práctica de los que le han precedido. Y esa creciente profundidad en el autoconocimiento es deseable en muchos niveles.

Su sentido de conexión con el trabajo que hace es un determinante principal del éxito de su hechizo. Eso es muy importante y necesario. Pero hay una base sagrada para ese trabajo que exige un reconocimiento, aunque no necesariamente prescrito de forma dogmática.

Su reconocimiento y comprensión de la matriz del poder elemental que interactúa con una agencia humana es realmente de lo que trata todo este asunto de la magia protectora.

Dado que es el individuo y el cuerpo, la mente y el espíritu del individuo lo que está en el centro del trabajo de la magia protectora, su relación con los elementos y con el mundo natural es donde reside el verdadero poder de su trabajo.

Y como ya hemos comentado, la conciencia individual del practicante se guía por el principio básico de la wicca: «no haga daño». De esto pende todo lo demás.

Incluso la Ley de los Tres está íntimamente guiada por la advertencia y el espíritu de no hacer daño. No puede entender la Ley de los Tres sin entender que hacer daño se vuelve contra usted. Esta es una de las pocas cosas no negociables de la wicca. Los hechizos e incluso los materiales están sujetos a la relación del practicante con los elementos. No olvide que el quinto elemento es el espíritu, en el que interactúan dos tipos de conciencia. Esto no quiere decir que los demás elementos sean inanimados. Simplemente están animados de una manera diferente.

Todos los elementos piden a gritos una relación con nosotros para lograr una mayor tranquilidad y bienestar universales. La tranquilidad y el bienestar son para los cinco elementos vivos que respiran tanto como para nosotros.

Así que, con profunda alegría, encuentre en estas sugerencias sobre rituales regulares una base para crecer en una mayor relación con los elementos y el mundo natural que se revelan. Sabe que el suelo que pisa es sagrado porque es el manantial de toda la vida, la alegría y el amor.

### ¿Por qué los rituales regulares?

Recordará que no debe aferrarse a sus hechizos. Parte de eso es para complacer al elemento del espíritu. Obsesionarse con los hechizos una vez lanzados es un poco irrespetuoso con aquellos que no vemos. Es como no confiar en el proceso, y ese es un camino corto y fácil a ninguna parte. Los espíritus irrespetuosos son espíritus infelices.

Otra razón por la que no nos aferramos a los hechizos es que expresa una cierta falta de confianza por parte del practicante. Entonces, ¿por qué molestarse con todo esto? Parece un ejercicio bastante vacío si no ha reconocido su papel en el gran drama del universo. Parte del desarrollo de su confianza como practicante es saber que su relación con el mundo natural es saludable. En esa salud se encuentra su capacidad para soltar los hechizos, una vez lanzados.

Los rituales diarios y mensuales le afianzan en su práctica, otro gran refuerzo de la confianza. A medida que su práctica evoluciona, encontrará áreas específicas de enfoque que emergen naturalmente en su vida. Solo tenga en cuenta que todos los hechizos son adaptables y que en última instancia todo está determinado, en espíritu, por usted.

### Ritual de protección lunar

Necesitará:

- Una vela blanca
- Una pequeña hoja de papel blanco
- Bolígrafo azul
- El nombre del planeta asociado a su signo zodiacal y los nombres de sus lunas

Al levantarse cada día, reconocer a la luna como presencia protectora es un poderoso ritual. En este, se suplica a la luna que le envuelva con su poder protector.

Para este ritual matutino, puede hacer un círculo o decir una autoafirmación (vea el capítulo diez, «Saca mi nombre de tu boca»), lo que elija. Va a invocar la protección de la luna como un hechizo de homenaje y protección diario. Si cree que necesita la protección del círculo, que así sea.

El procedimiento es el siguiente:

1. Escribir su signo del zodiaco en una cara de la hoja de papel. En el otro lado, escribir el nombre del planeta asociado a su signo.

2. A continuación, encender la vela y decir los nombres de las lunas del planeta asociado a su signo del zodiaco. Después, diga su segundo nombre. Continúe diciendo los nombres de las lunas y su segundo nombre después de estos.

3. Ahora, queme la hoja de papel con la llama de la vela. Continúe diciendo los nombres hasta que las llamas se hayan apagado.

4. Una vez que el papel se haya quemado, pero mientras la vela sigue encendida, imagine que la habitación se transforma para inundarse de su color favorito. Contemple la vela, disfrute de su danza. Permítase disfrutar de su calor y del alegre color que le rodea.

Invocar a la luna cada mañana para que le proteja es una acción que le da poder y que honra el lugar de la luna en nuestras vidas. En esta relación, está protegido y conectado.

**Oración vespertina para proteger la mente y el espíritu**
Necesitará:

- Aceite de hierbas de protección
- Incienso natural (copal o incienso)

La noche puede ser un momento de peligro para aquellos que caminan por esta tierra sin protección. Este ritual nocturno protegerá su mente de la «lectura» no deseada por parte de aquellos que esperan controlarle. También le protegerá de la influencia de las tendencias malignas que le rodean o que son conscientes de usted y esperan causar problemas.

Por supuesto, autoafírmese antes de pronunciar esta oración. La realización de un círculo depende, en este caso, de usted. Encienda su incienso natural y únjase con el aceite protector que haya elegido, luego proceda.

Esta es una oración, no un ritual, y decirla con intención es todo el hechizo. Pero si pronuncia esta oración con las palabras que prefiera, su intención aumenta.

«Esta noche, como todas las noches, aquellos que custodian todos los secretos tienen en sus manos mi corazón. Que las puertas de mi mente y mi espíritu estén cerradas e inviolables».

# Rituales semanales

Para cubrirse con un velo de protección, los rituales regulares que aprendió continúan las peticiones que ofreció en los hechizos de protección específicos, y las refuerza con sus acciones. Mantener el pensamiento, que necesita y desea protección, puede ser subsumido por las necesidades constantes de la vida. Programar un ritual que haga cada semana para satisfacer sus continuas peticiones e intenciones de protección sirve para reforzar todo el trabajo ritual pasado y futuro.

### Ritual de Baño Protector

Necesitará:

- Un arroyo, un río, un estanque, un lago o el mar (si no es posible, un baño en casa servirá, con las intenciones correctas y tal vez con bastante sal marina)
- Aceite de clavo (para la unción)
- Sahumerio de salvia
- Incienso natural (el copal está muy relacionado con el agua, especialmente en las culturas de América Latina)
- Sal
- Sal negra

El baño es un tipo de ritual muy utilizado, existente en muchas culturas. El bautismo cristiano, adaptado del *mikve* judío, es uno de los baños rituales más conocidos.

Anteriormente, hablamos del baño para la eliminación de un maleficio. Aquí, hablaremos de cómo puede crear su baño ritual de protección para aprovechar sus herramientas y conocimientos rituales.

Necesitará un lugar tranquilo y poco frecuentado para este ritual. Recuerde que no quiere que le interrumpan a usted ni a las energías que le rodean.

Este baño ritual de protección lo tiene que crear usted principalmente. Piense en el tipo de protección que necesita y por qué la necesita. Y recuerde que purificarse antes del baño ritual es un paso que debe dar. Se trata de un ritual para protegerse de fuentes externas de negatividad, no de nada que usted mismo haya generado.

Por lo tanto, antes de emprender el ritual tal y como lo planeo, asegúrese de ungirse con aceite protector de clavo, pida que su esencia purificadora le prepare para el baño ritual. Mientras se unta, mantenga la misma intención en mente. Luego, proceda a la autoafirmación, como se describe en el capítulo diez (según sus preferencias).

Encienda el incienso en un recipiente ceremonial o si es en forma de palo, plántelo en la tierra, musgo o arena, junto a la fuente de agua. Puede permanecer vestido, ya que se trata de un baño ritual. Está allí para impregnarse con una energía poderosa y protectora, ¡no para lavarse detrás de las orejas!

Escriba en el aire el símbolo con el que conecta más apasionadamente (vea el capítulo cinco), estructure sus intenciones para incluir la invocación de los poderes protectores de este antiguo símbolo. Ahora, con la sal, bendiga la tierra mientras busca la protección amorosa de todos los elementos.

Úntese la sal negra, mientras dice palabras como: «Las aguas vivas en las que vengo a bañarme son las mismas que el vientre de mi madre, donde una vez estuve más seguro. Pido humildemente el calor y la protección de las aguas vivas contra todo daño».

Realizar el baño ritual como experiencia semanal puede ser un reto en algunos climas, pero sea creativo. Y si no puede encontrar una fuente natural de agua en la que pueda bañarse, báñese en casa. Lo más importante de este tipo de rituales no es el lugar, sino su intención y su conexión íntima con los elementos con los que se asocia.

**CONSEJO:** Si se baña en casa, deje que el agua caliente derrita la sal destinada a su ritual de baño y luego espolvoree sal negra sobre la parte superior de la bañera. También puede verter un poco de su aceite de clavo en la bañera o un aceite hecho con otra hierba protectora, como se describe en el capítulo cuatro, en lugar de ungirse.

A continuación, me gustaría que fomentara su crecimiento. Ha aprendido las funciones de las herramientas de protección y cómo utilizarlas, así que ahora es el momento de poner en práctica esos conocimientos. Para esta parte final de nuestra exploración de los hechizos de protección, creará sus propios rituales basados en las dos fases más emblemáticas de la luna (nueva y llena).

Relájese, acérquese al cosmos, cree su círculo y prepárese para convertirse en un cocreador.

### Ritual de protección de la luna nueva

Cuando la luna es nueva, está perfectamente alineada en el cielo con el sol, por lo que no la vemos. El ciclo de las fases de la luna ha concluido; la luna nueva se mantiene como una pizarra en blanco, crece de nuevo a través de sus fases hasta su deliciosa plenitud.

Cuando la luna no es visible para nosotros, la echamos de menos. Nos damos cuenta de que algo profundamente bello está ausente de nuestras vidas. La luna nueva es un momento de profunda conexión entre usted y la luna, mientras se adentra en su interior para reflexionar en la oscuridad de la ausencia de su amiga.

La base de la creación de un ritual es infundirlo con lo que usted es. ¿Cuáles son sus parámetros personales? ¿Cuáles son sus deseos para el ritual? Crear sus propios rituales consiste en buscar sus deseos no expresados en un momento dado y darles voz. No siga ninguna regla, excepto la única que importa en su contexto: «no haga daño».

### Creación de un ritual de compromiso total

Las hierbas, los aceites, los cristales, los amuletos, las velas y cualquier otra herramienta que utilice en sus rituales están ahí para cumplir una función, pero también están ahí para enraizarle en el ritual. Tienen un propósito que va más allá de la mera sensualidad o de sus respectivas funciones.

La intimidad y el compromiso con el ritual le confieren el poder que intenta evocar. La intención forma otra capa del tipo de intimidad y compromiso del que hablamos. Cada parte de usted está viva con el trabajo cuando se compromete con los objetos y las sustancias que ha aportado.

Gran parte de lo que requiere para crear un ritual ya está preparado. Lo que se necesita ahora es su plena sumisión a la maravilla de la luna nueva y a lo que significa para usted.

Invierta algo de tiempo en pensar en la luna nueva, en cómo se manifiesta y en qué signo ocurre cada mes. Hágalo para localizar el elemento y la dirección cardinal correspondiente para centrarse en su ritual. Esto añade otra capa de enfoque que algunos encontrarán enriquecedora, pero no es 100% necesaria. (Nota: esta acción es más importante en la luna llena debido al poder de la fase).

Sabrá qué llevar a su círculo sagrado de protección una vez que haya entrado en los misteriosos recintos de la luna nueva. Ya habrá formado un vínculo con la luna nueva y deberá conceptualizarla de una manera completamente diferente.

Al crear su ritual de protección de la luna nueva, recuerde que su intención es doble. Va a rendir homenaje a la luna nueva y construir un vínculo mutuo. También va a pedir protección para el próximo ciclo.

Sea sencillo, el ritual es suyo y solo suyo. Piense en algunos cambios menores en su pensamiento en torno al ritual que va a crear para reflejar la fase lunar más icónica, la luna llena.

### Ritual de protección de la luna llena

Cuando la luna está madura y brillante, se sitúa precisamente frente al sol en el cielo. Durante esta fase, el brillo de la luna es un reflejo del espléndido resplandor del sol.

Ese reflejo crea oleadas de emoción, drama, turbulencia y excitación. Aumenta la locura, los perros se ponen en marcha y los gatos se deleitan con el resplandor de la gloria de la luna llena.

¿Qué le hace la luna llena? Puede que le apetezca bailar o encontrar a alguien con quien bailar. Tal vez se sienta emocional o espiritualmente abundante. Algunos disparan todos los cilindros en la luna llena. Otros fallan. La forma en que responde personalmente es la base de su ritual de protección de la luna llena.

Por un lado, desea honrar a la luna en su fase más desgarradoramente gloriosa. Por otro, pide su protección. Estos pensamientos se combinan para guiarle hacia el ritual de la luna llena, que expresa de forma más abundante sus respuestas físicas, intelectuales y espirituales a la fase. Y no se olvide de buscar el signo en el que la luna ha salido llena. El poder de este cuerpo celeste en su fase llena se lo exige. Añada a su altar un símbolo del elemento del signo (tierra, aire, fuego, agua).

La luna llena es un símbolo de misterio y romance. ¿Recuerda la película «Moonstruck»? Retenga ese pensamiento. No se puede negar la potencia de la luna llena en sus efectos sobre nosotros, los simples mortales. Trabaje con esa potencia. Trabaje con su propia potencia, cultivada dentro de los límites protectores del círculo sagrado.

Conecte con la luna llena solo en la verdad más desnuda. Sea claro. Antes de realizar este ritual, limpie su energía con salvia o con un baño ritual. Este es mi mejor consejo, ya que está a punto de hacer un poderoso amigo en la luna llena.

Ahora, viaje, celebre el lanzador de hechizos de protección en el que se va a convertir. Aquí es donde debemos separarnos.

No haga daño.

# Conclusión

Ha sido un gran honor compartir el contenido de este libro con usted. Espero haber dejado claro que hacer hechizos de protección es algo que cualquiera puede hacer para traer mayor paz, tranquilidad y bienestar a sus vidas.

Recuerde siempre que la magia está en todas partes y es para todos. No hay una línea divisoria entre el practicante y los elementos. Solo existe una comunión directa sin influencia mediadora ni jerarquía. Esto es una gran libertad.

¿Y no fue Spiderman quien advirtió que una gran libertad conlleva una gran responsabilidad? Eso es tan cierto al tener superpoderes arácnidos como al estar en comunión con los elementos.

Así, el camino wiccano enseña a no hacer daño. Esto no es una sugerencia. Es la columna vertebral del trabajo y la brújula moral de todos los que se acercan a los elementos de los hechizos. Sea consciente de sus intenciones, mantenga una vibración energética clara, y no haga daño para caminar verdaderamente por el sendero de la iluminación elemental y el profundo sentido de conexión espiritual que imparte el hacerlo.

# Vea más libros escritos por Mari Silva

# Referencias

Hechizo contra la calumnia - protección contra el tormento y la calumnia. (n.d.). Everythingunderthemoon.Net. Extraído de https://everythingunderthemoon.net/spells/anti-slander-spell.htm

Autor, M. F. T. (s.f.). Psychic attack - how to build up effective psychic shielding: New age movement. Newagemovement.Org. Recuperado de https://newagemovement.org/psychic-attack

Caro, T. (2019, 16 de abril). 5 Hechizos de protección gratuitos para los seres queridos [magia protectora]. Magickalspot.Com. https://magickalspot.com/protection-spells-guide

Caro, T. (2020, 14 de junio). 4 potentes aceites esenciales para la Protección Espiritual [y usos]. Magickalspot.Com. https://magickalspot.com/spiritual-protection-essential-oils

Dylan, Anna, Anónimo, Rabhen, Wayne, Bntru2me, Fields, K., AJP, Alice, A., Tony, Jake, T, Koch, J. L., James, Invitado, Davis, W., ANÓNIMO, B, Guía, A., ... Randy. (2019, 10 de julio). 15 señales de una maldición: ¿Está realmente maldito? ¡Cómo Romper una maldición! Otherworldlyoracle.Com. https://otherworldlyoracle.com/signs-curse-breaking-curses

Cinco señales para detectar si ha sido embrujado. (n.d.). Originalbotanica.Com. Extraído de https://www.originalbotanica.com/blog/signs-been-hexed-cursed-black-magic/

Periodista del Guardian. (2003, 5 de julio). ¿Puede un gurú curarse a sí mismo? The Guardian. http://www.theguardian.com/books/2003/jul/05/booksonhealth.lifeandhealth

Kyteler, E. (2021, 10 de enero). Cómo hacer un tarro de protección (ingredientes y hechizo). Eclecticwitchcraft.Com. https://eclecticwitchcraft.com/how-to-make-a-protection-jar-ingredients-spell

Hechizo de protección lunar: Ritual de luna llena súper fácil. (2018, 9 de noviembre). Spells8.Com. https://spells8.com/lunar-protection-spell

Paganos, 3., y Gato, A. (2020, 12 de mayo). Magia protectora: Por qué y cómo es útil en la vida cotidiana. Patheos.Com. https://www.patheos.com/blogs/3pagansandacat/2020/05/protection-spells-why-and-how-it-is-useful-in-everyday-life

Pfeifle, T. (2020, 21 de abril). Magia apotropaica. Astonishinglegends.Com; Astonishing Legends. https://www.astonishinglegends.com/astonishing-legends/2020/4/21/apotropaic-magic

Pollux, A. (2019, 30 de octubre). 12 poderosas hierbas de protección para mantenerlo seguro y fuerte. Wiccanow.Com. https://wiccanow.com/herbs-for-protection

Rice, J. (2014, 15 de febrero). Plantas que repelen espíritus malignos y demonios. Ghostlyactivities.Com. https://www.ghostlyactivities.com/plants-repel-evil-spirits-demons

La tienda de la luz de la luna. (n.d.). 5 símbolos wiccanos de protección que deberías usar ahora. Themoonlightshop.Com. Extraído de https://themoonlightshop.com/blogs/news/5-wiccan-symbols-for-protection-you-should-be-using-now

Wigington, P. (n.d.). Magia protectora. Learnreligions.Com. Extraído de https://www.learnreligions.com/magic-protection-spells-and-rituals-2562176

(Sin fecha). Washingtonpost.Com. Extraído de
https://www.washingtonpost.com/posteverything/wp/2016/07/01/as-a-
psychiatrist-i-diagnose-mental-illness-and-sometimes-demonic-
possession

Made in the USA
Las Vegas, NV
05 January 2024

83938215R00069